O VIAȚĂ MAI FERICITĂ

*Cum să dezvolți fericirea autentică și starea de bine
în fiecare etapă a vieții*

de Shar Khentrul Jamphel Lodrö

Editat de Dr. Adrian Heckel

Tradus de Gabriela Ștefănescu

Dzokden

Autor: Shar Khentrul Jamphel Lodrö
Traducător român: Gabriela Ştefănescu
Editor român: Radu Stan

Prima ediţie
ISBN (Paperback): 978-1-961659-71-1
ISBN (ePub): 978-1-961659-72-8

Publicată de:
DZOKDEN
Această lucrare a fost produsă de Dzokden, o organizaţie non-profit operată în întregime de către voluntari. Dzokden este dedicată propagării unei viziuni non-sectare asupra tuturor tradiţiilor spirituale ale lumii şi predării budismului într-un mod complet autentic, dar în acelaşi timp practic şi accesibil culturii occidentale. Este dedicată în special răspândirii Tradiţiei Jonang, o nestemată rară dintr-o regiune îndepărtată a Tibetului, care deţine preţioasele învăţături Kalachakra.

Pentru mai multe informaţii despre activităţile programate sau materialele disponibile, sau dacă doriţi să faceţi o donaţie, vă rugăm să ne contactaţi.

Dzokden
3436 Divisadero Street
San Francisco, CA 94123
USA
www.dzokden.org
office@dzokden.org

Cuprins

Mulțumiri

Dedic virtuțile acestei cărți părinților mei, care m-au adus pe lume și au avut mare grijă de mine - nu le voi putea răsplăti niciodată cu adevărat bunătatea. Sunt foarte fericit și recunoscător că am avut ocazia să scriu această carte, deoarece sunt încă începător în limba și cultura engleză, iar experiența mea de viață într-o țară occidentală este oarecum limitată. Prin urmare, sunt extrem de recunoscător celor care au contribuit și au ajutat la elaborarea cărții, nu numai prin a face înțeleasă engleza mea slabă, dar și prin discuții și contribuții cu idei. Aș dori să îi mulțumesc doctorului Adrian Hekel pentru ajutorul său enorm în scrierea acestei cărți, ajutor care a trecut dincolo de editare. Cred că intenția și motivația lui Adrian au fost autentice și necondiționate. Sper că pe măsură ce vei citi cartea să apreciezi eforturile lui Adrian, deoarece fără ajutorul lui ea poate că nu ar fi fost finalizată. Aș dori, de asemenea, să-mi exprim recunoștința față de Julie O'Donnell, care m-a ajutat să încep cartea și mi-a oferit sprijin necondiționat, generozitate, dedicare și loialitate. Fiecare oportunitate pe care am avut-o de a lucra la acest proiect și la altele, se datorează sprijinului amabil al Juliei, așa că nu-i pot mulțumi îndeajuns și nu-i voi uita niciodată tot ajutorul. Aș dori, de asemenea, să mulțumesc tuturor persoanelor care au contribuit la această carte, în special lui Stephanie Davis, Mark Cleary, Lisa Jobson, Dorothy Welton și Kristy Peters. Să aveți parte de noroc și să vă continuați dezvoltarea spirituală.

Khentrul Rinpoche
Melbourne, Australia
iulie 2015

Prefața editorului

L-am întâlnit pentru prima dată pe Khentrul Rinpoche acum șase ani. La acea vreme era un proaspăt imigrant în Australia - știa doar fragmente de engleză și nu cunoștea aproape pe nimeni. Cu toate acestea, în încercările noastre stângace de a comunica, am descoperit că avea o poveste remarcabilă de spus, iar pregătirea sa în budism era de neegalat. Când în urmă cu câțiva ani a menționat ideea de a scrie o carte despre fericire, mi-a trebuit ceva timp să mă conving că vom putea scrie ceva original și practic, însă, după ceva timp, mi-am dat seama că deși multe dintre ideile sale erau destul de simple, profunzimea înțelepciunii din spatele lor era cu adevărat deosebită.

În timpul în care lucram la acest manuscris mi-am terminat pregătirea ca medic și am lucrat o perioadă în medicina generală. Această muncă a fost ca o lupă în lumea interioară a australienilor obișnuiți. A fost o oportunitate de a fi martor la durerea, suferința și mizeria prin care trec oamenii în fiecare zi, dar și la bucuria și rezistența uimitoare pe care unii le au în fața celor mai dificile circumstanțe. Pe lângă propria mea experiență de viață, munca de medic m-a convins că fericirea nu „apare" întâmplător și cu siguranță nu este o chestiune banală, dar este, fără îndoială, ceva la care ar trebui să ne gândim profund. La urma urmei, ce altceva contează cu adevărat?

În plus, prin munca mea de medic am observat că mulți oameni păreau să ignore realitatea suferinței, a morții și a momentului trecerii spre moarte. Adesea, aceștia considerau spiritualitatea o chestiune personală, sau nu se gândiseră prea mult la probleme mai profunde, fiind extrem de concentrați pe continuarea vieții. Prin urmare, am simțit că o astfel de carte i-ar putea ajuta pe oameni să afle cum spiritualitatea este încorporată în experiența vieții de zi cu zi și nu este separată de aceasta. Poate că ar putea servi și ca o „punte" pentru cei care au crescut în cultura occidentală și sunt interesați de „viața spirituală".

În editarea acestei cărți, sper că stilul meu de scriere și adăugirile pe care le-am făcut nu au trivializat sau nu au umbrit înțelepciunea pe care Khentrul Rinpoche a încercat să o transmită. Pentru a face cartea mai accesibilă, am încercat să fac referințe între ideile sale și unele dintre cele mai recente cercetări în psihologie (după cum s-a detaliat în secțiunea de note). O mare parte dintre referințe se bazează pe experiența mea de la conferința internațională "Fericirea și cauzele sale", care a avut loc în Sydney, precum și pe pregătirea mea în medicină și pe conversațiile cu mentori ce au mare experiență în consiliere și psihologie. Sper că aceste adăugiri nu vor diminua mesajul esențial al cărții și accept vina pentru orice erori sau omisiuni.

În cele din urmă, doresc să dedic contribuția mea la această carte părinților mei, care au fost întotdeauna, necondiționat, alături de mine. De asemenea, doresc sincer ca lectura acestei cărți să vă ajute să vă îmbunătățiți calitatea vieții.

Adrian Hekel
March 2010

O introducere în fericire

S-ar putea să te întrebi de ce ar fi cineva ca mine interesat să scrie o carte despre fericire.

Nu am fost niciodată la şcoală, nu am nici o diplomă universitară şi am foarte puţină expunere la informaţiile şi tehnologia lumii moderne. În schimb, mi-am trăit cea mai mare parte a vieţii ca un simplu călugăr, izolat de restul lumii în munţii îndepărtaţi din Tibet.

Cu toate acestea, când mă gândesc la viaţa mea, îmi dau seama că am trecut printr-o varietate uimitoare de experienţe care, de fapt, mi-au oferit o înţelegere destul de bună a ceea ce este cu adevărat esenţial şi important în viaţă. Atât de bună încât nu m-am putut opri din dorinţa de a explora problema fericirii şi de a împărtăşi cu alţii ceea ce am învăţat. Dorinţa mea sinceră a fost să scriu o carte despre fericire care să exploreze fiecare aspect şi fiecare etapă a vieţii, într-un mod care să fie unic şi util tuturor, indiferent dacă ei sunt tineri sau bătrâni, religioşi sau nereligioşi, bogaţi sau săraci. Am vrut să o scriu în aşa fel încât, citind-o cu atenţie, reflectând la conţinutul ei şi punând în practică anumite exerciţii, poţi schimba cu adevărat cât de fericit eşti.

Când mă uit în urmă la viaţa mea şi îmi amintesc relaţiile pe care le-am avut, deciziile pe care le-am luat şi lecţiile pe care le-am învăţat, nu pot decât să mă gândesc cât de util ar fi fost să am un ghid, sau un manual, despre cum să am o viaţă fericită şi mulţumită. M-aş fi simţit atât de norocos să am ocazia să citesc o astfel de carte. Acesta este motivul pentru care am decis să scriu această carte, gândindu-mă că acum sunt în măsură să împărtășesc câteva dintre ideile mele despre cum să facem față provocărilor cu care ne confruntăm cu toții în diferite etape ale vieții și despre ce este în realitate fericirea adevărată.

Aproape toată lumea presupune că nu ne putem găsi fericirea în fața greutăților și a condițiilor nefericite. Am învățat, încet, că acest lucru este posibil, deoarece am trecut prin multe momente dificile, însă încă de la o vârstă fragedă nu am fost niciodată chiar nefericit - de fapt, sunt probabil mai fericit decât mulți oameni cu o viață ușoară. În copilărie mi s-a refuzat o poziție socială înaltă și am trăit în schimb o viață dură, păscând iaci în munți, la temperaturi de până la minus treizeci de grade. Când eram adolescent, am găsit o fericire intensă în dragostea romantică, crezând că va dura pentru totdeauna, însă după moartea tatălui meu am luat decizia grea de a-mi sacrifica dragostea, deoarece am simțit o chemare autentică de a onora dorința părinților mei de a deveni călugăr.

Deoarece am început viața monahală la o vârstă relativ înaintată, mi-a fost greu să fiu acceptat și să mă adaptez la un mod de viață complet nou. Concuram alături de călugări care fuseseră instruiți cu normă întreagă încă din copilărie, în timp ce eu eram doar un umil păstor de iaci. Mai târziu, a fost destul de dificil să mă adaptez culturii și stilului de viață din Australia, unde nu cunoșteam absolut pe nimeni și nu puteam vorbi decât câteva cuvinte în engleză.

Mulți ani de formare budistă autentică, precum și experiențele mele bogate și diverse trăite în lumea occidentală modernă, mi-au deschis ochii asupra faptului că fericirea nu depinde de condițiile pe care oamenii le asociază de obicei cu aceasta. Am avut norocul să dobândesc o înțelegere mai profundă a fericirii, în sensul că aceasta poate fi obținută mai degrabă în mijlocul greutăților și nenorocirilor, decât în dependența de o viață confortabilă. Când mă gândesc la propriile mele experiențe, realizez acum că tocmai momentele dificile m-au învățat să fiu fericit, dându-mi putere interioară și o apreciere reînnoită a multor lucruri.

Când am ajuns în Occident, ale cărui cultură, stil de viață și mod de gândire erau complet diferite, toată înțelegerea pe care o dobândisem despre fericire, spre surprinderea mea, a fost consolidată. Mai degrabă decât să-mi schimb perspectiva, opiniile pe care le aveam s-au îmbogățit și s-au aprofundat. Aceasta a avut loc după ce în ultimii ani m-am întâlnit și am vorbit cu mulți occidentali, am putut să observ îndeaproape viața în Occident și am învățat câte ceva despre conceptele psihologiei, filosofiei și științei occidentale. Am încercat să întrepătrund aceste perspective în text, cu speranța de a face mai accesibilă înțelepciunea profundă a tradiției budiste tibetane (referințele pentru fiecare capitol sunt prezentate la sfârșitul cărții).

Sper că această carte va fi precum o oglindă prin care vă puteți vedea întreaga viață - trecutul, prezentul și viitorul. Dacă ești tânăr, este posibil să găsești utile capitolele pentru persoanele în vârstă. Alternativ, s-ar putea să fii destul de în vârstă, dar să te identifici cel mai mult cu capitolele pentru adolescenți și tineri adulți. De asemenea, pe parcursul cărții voi împărtăși și din experiența mea în tradiția budistă. Sper că unii dintre voi vor găsi acest lucru util, mai ales dacă sunteți curioși cu privire la ideea de „viață spirituală", adesea interpretată greșit de oamenii din lumea modernă. Mă rog ca această carte să vă ajute, astfel încât să planificați și să vă angajați în a trăi o viață fericită și plină de sens, indiferent de religia sau credința pe care o urmați.

CE ESTE FERICIREA?

Ce este fericirea? Este vorba doar de a ne simți bine sau încântați, de a avea o viață confortabilă și de a ne satisface dorințele? Cred că toate acestea pot fi caracteristici ale fericirii, în realitate ea fiind mult mai mult decât atât. Atunci când folosim cuvântul *fericire*, adesea nu suntem conștienți de faptul că este un subiect vast și profund. Acest singur cuvânt nu poate descrie în mod adecvat nivelurile nelimitate ale fericirii.

La suprafață, fericirea poate include confort fizic, emoții mentale sau sentimente de plăcere de moment, precum și sentimente de iubire și de acceptare. La un nivel puțin mai profund, ar putea include și implicarea totală într-o anumită activitate sau în procesul de atingere a unui anumit obiectiv. O stare de spirit fericită nu apare neapărat odată cu atingerea obiectivelor, ci mai degrabă în timpul procesului de avansare entuziastă către obținerea acestora. La fiecare dintre aceste niveluri, precum și în cadrul fiecărui nivel, sunt resimțite diferite grade de satisfacție sau de mulțumire.

Dintr-o perspectivă mai profundă, un anumit grad de fericire vine din înțelegerea faptului că eșecul și pierderea fac parte din viață. Având această înțelegere, putem folosi toate circumstanțele ca un teren de învățare pentru a descoperi o fericire care vine din interior, în ciuda tuturor suișurilor și coborâșurilor. Acest lucru conduce la un sentiment de ecuanimitate și pace interioară și la o capacitate sporită de a ne controla emoțiile. Multe filosofii spirituale și non-spirituale:

1. recunosc că există mai multe niveluri de fericire;
2. apreciază că fericirea poate să existe în orice situație.

Noi vedem adesea doar unul dintre aceste niveluri. Dacă vom recunoaște și vom aprecia cu adevărat numeroasele dimensiuni ale fericirii, ușa se va deschide spre înțelegerea și realizarea nivelurilor ei mai profunde. Această înțelegere conduce la un potențial nelimitat de fericire, mult mai mare decât orice altceva de care am fi fost vreodată conștienți.

Ce înseamnă să „acceptăm" întunericul din viața noastră? În general, ne încadrăm în două extreme - pe de o parte, ignorăm suferința care face parte din viață, iar pe de altă parte putem deveni complet obsedați de ea. În primul caz, ne ferim de realitățile vieții și suntem luați prin surprindere atunci când se întâmplă ceva neașteptat, cum ar fi pierderea unui loc de muncă sau moartea unei persoane dragi. În al doilea caz, rămânem fixați pe această parte întunecată, căzând în depresie, negativism sau acceptare resemnată, nereușind să apreciem numeroasele binecuvântări pe care ni le aduce viața.

Din fericire, există o cale de mijloc, un punct de vedere din care putem să fim conștienți de suferință și, în același timp, de binecuvântări. Chiar dacă ne pierdem toată averea sau chiar un prieten apropiat, vom putea totuși să apreciem ceea ce avem, cum ar fi sănătatea, o minte bună și faptul că suntem binecuvântați să trăim o viață în care atât de multe lucruri sunt asigurate. Prin urmare, fericirea și mulțumirea pot să apară doar atunci când apreciem cu adevărat partea luminoasă a vieții, înțelegând în același timp că partea întunecată face parte din viață, astfel nemaifiind copleșiți de evenimente nefericite. Putem să apreciem cu adevărat viața doar dacă suntem conștienți de natura ei plină atât de satisfacții, cât și de „suferință".

Înțelegerea întunericului din viața noastră ne sporește compasiunea, deoarece ne dăm seama că toate ființele trec prin aceleași lupte ca și noi. În acest fel, putem genera o dorință profundă de a fi buni și de a dezvolta iubire și compasiune imparțiale, necondiționate, reducând tendința de a ne gândi doar la propriul interes. Acest lucru ne conduce la un nivel și mai profund de fericire, stimulându-ne să ne dedicăm viața pentru ceva mai semnificativ decât noi înșine.

În cele din urmă, cel mai adânc și mai profund nivel de fericire este descoperirea „naturii altruiste" înnăscute, aflată în centrul ființei noastre. Ea este o sursă constantă de bucurie și iubire imparțială, total independentă de circumstanțele exterioare. În tradiția budistă numim acest lucru „natura noastră iluminată", pe care o putem dezvălui prin eliminarea oricărei urme de interes personal[1]. Ne descoperim astfel adevăratul potențial de a fi pe deplin fericiți, de a dobândi un control complet asupra emoțiilor noastre și de a aduce în mod natural beneficii celorlalți.

Psihologia modernă tratează, de asemenea, diferitele niveluri de fericire. Potrivit lui Martin Seligman, numit uneori părintele psihologiei pozitive, există trei niveluri de bază[2]. Primul este sentimentul de plăcere de la un moment la altul pe care toți îl urmărim, apoi este bucuria care provine din concentrarea pe anumită sarcină sau din parcurgerea procesului de atingere a unui anumit obiectiv. În cele din urmă, există sentimentul intens de împlinire, care poate fi amplificat prin dezvoltarea unor calități virtuoase esențiale și care provine din cunoașterea faptului că viața este profundă și plină de sens.

Deși fiecare dintre noi are idei diferite despre ce înseamnă fericirea pentru el, aceste niveluri se aplică tuturor, indiferent de cine suntem. Înțelegerea fericirii în acest fel ne poate oferi o apreciere mult mai bogată a potențialului ei, cât și puterii sale desăvârșite. Pe parcursul acestei cărți voi vorbi despre cum să găsim dimensiunile diferite ale fericirii. Speranța mea este că fiecare dintre voi se va raporta la acestea și va putea să le aplice într-un mod care să se potrivească tipului său de personalitate și nivelului său actual de înțelegere. Voi pune însă accentul pe cultivarea nivelurilor mai profunde, acolo unde poate fi găsită adevărata împlinire, bazată pe compasiune și altruism. Dacă o vom putea găsi în noi înșine, vom descoperi o profunzime a ființei noastre care este o sursă constantă de bucurie, pace, mulțumire și curaj, indiferent de suișurile și coborâșurile vieții.

ESTE FERICIREA REALIZABILĂ?

Fiecare ființă vie are o dorință înnăscută de a atinge un anumit grad de fericire, indiferent de poziția pe care o are în viață sau de vârstă. Unii oameni pot fi deziluzionați și pot alege mijloace nechibzuite pentru a obține fericirea. De exemplu, unii îi pot răni fizic sau emoțional pe ceilalți, crezând, în ignoranța lor, că aceasta le va aduce satisfacție și fericire. Indiferent de modul în care oamenii cred că vor obține aceste lucruri, este important să realizăm că, în final, căutarea fericirii și a satisfacției sunt forțele motrice care ne susțin în tot ceea ce facem. Acesta este un fapt natural și nu are rost să investigăm de ce este așa. Ar fi ca și cum am încerca să analizăm de ce este focul fierbinte sau apa lichidă și, prin urmare, nu ne-ar ajuta cu adevărat.

Cu toate acestea, ceea ce este absolut necesar este să analizăm dacă fericirea poate sau nu să fie obținută. Avem noi toți un potențial înnăscut pentru fericire? Este el dependent de cauze și condiții? Și dacă da, care sunt cauzele și condițiile potrivite? Sau este „soarta" ceva care se întâmplă pur și simplu atunci când lucrurile „se așază la locul lor"?

Pentru a răspunde la prima întrebare, da, toți avem potențialul înnăscut de a atinge fericirea. Toate sistemele de credință din lume, atât teiste, cât și non-teiste, ne vor spune că fericirea nu este ceva întâmplător, ori un produs al norocului sau ghinionului. În plus, este contestată ideea că fiecare dintre noi are un potențial fix pentru fericire, care nu poate fi schimbat prea mult[3]. Atât experiența culturilor spirituale tradiționale cât și cercetările științifice moderne, ne arată că, dacă cultivăm fericirea cu sârguință și pricepere o putem atinge cu siguranță.

În lumea de astăzi și de-a lungul istoriei omenirii, există dovezi vii că numeroși oameni au atins un nivel ridicat de fericire, de cele mai multe ori fiind rezultatul unui efort semnificativ sau al unei munci grele. Știm acest lucru din mărturisirile lor și ale altora și putem să-l vedem în acțiunile lor. Există un număr restrâns de oameni pe care îi putem numi cu adevărat „iluminați". Fără excepție, ei indică același potențial înnăscut de iluminare care se află în fiecare dintre noi.

A doua întrebare era dacă fericirea este dependentă de cauze și condiții, sau este doar ceva întâmplător sau „soartă". Da, fericirea este complet dependentă de cauze și condiții. Dacă ne uităm la istoria civilizației umane și dacă ne examinăm temeinic propria experiență, vom descoperi că nu există nimic care să nu depindă de cauze și condiții pentru a se produce. Prin urmare, este imposibil ca fericirea să apară la întâmplare.

La nivel observabil, suntem cu toții de acord că nimic nu se întâmplă fără anumite cauze. În mod similar, *modul în care percepem lucrurile,* inclusiv toate gândurile și emoțiile care ne trec prin minte, depind, de asemenea, de anumite cauze și condiții. Acesta este motivul pentru care putem să vorbim despre fericire în același mod.

CAUZELE ȘI CONDIȚIILE CORECTE

Dacă fericirea este în mod sigur realizabilă, cu siguranță trebuie să ne întrebăm care sunt cauzele și condițiile care o vor genera. Aceasta este, de departe, cea mai importantă întrebare și cea care necesită cel mai amplu răspuns. Voi prezenta în continuare o scurtă sinteză, urmând să abordez din nou tema în capitolele următoare.

În primul rând, ar trebui să ne întrebăm dacă majoritatea ființelor umane sunt cu adevărat fericite. Dacă reflectăm cu sinceritate, răspunsul cu siguranță trebuie să fie „nu". Chiar dacă părem fericiți, adesea există un sentiment de insatisfacție, sau de „ceva care lipsește", sau putem să fim ușor tulburați atunci când se întâmplă ceva neașteptat.

Majoritatea oamenilor se gândesc că „dacă ar avea avere" atâta cât își doresc, „dacă ar fi sănătoși sau frumoși" sau „dacă acea relație ar merge", *atunci* ei ar fi fericiți. Acest mod de gândire ne conduce la o fericire limitată prin confort fizic, excitare mentală, sentimente de plăcere de moment, sau prin sentimentul de a fi acceptați și iubiți. Este posibil nici să nu realizăm că ne putem petrece întreaga viață urmărind neîncetat lucruri precum bogăția și statutul social.

Din păcate, gândind astfel, confundăm condițiile care aduc la confort sau plăcere de moment cu fericirea în sine. Putem să fim atât de concentrați asupra acestor condiții secundare, încât să rămânem prinși într-o viziune îngustă, fără să fim conștienți de condițiile primare. Este important să facem distincția între:

1. condiții primare – propria atitudine;
2. condiții secundare - bani, relații, sănătate, frumusețe.

De exemplu, este posibil să nu apreciem fericirea autentică pe care o găsim atunci când suntem pe deplin implicați și cufundați într-o activitate pe care o considerăm semnificativă. S-ar putea să trecem cu vederea fericirea și mulțumirea care provin din recunoștință și plăcerea pentru lucrurile simple.

La un nivel mai profund, fericirea depinde de cât de mult înțelegem viața și toate circumstanțele cu care ne confruntăm. O perspectivă înțeleaptă ne permite să vedem că nu ne putem aștepta ca viața să fie ușoară, sau plină de succes, sau că vom obține neapărat ceva prin muncă grea. Noi credem că dacă ne străduim din greu putem să avem succes și să realizăm ceea ce ne-am propus, oricare ar fi definiția pe care o dăm succesului, fără să permitem, în general, ca ceva să nu decurgă conform planului. Chiar dacă eșuăm, este important totuși să ne străduim în continuare, iar atunci eforturile noastre pot să ne aducă un beneficiu substanțial. Dacă reușim să reflectăm cu atenție, putem să fim mult mai bine pregătiți să acceptăm răul, indiferent de nenorocirea sau suferința care se abate asupra noastră.

În plus, putem să devenim conștienți că adevăratul scop al acestei vieți ar trebui să fie concentrarea pe dezvoltarea compasiunii imparțiale, ajutându-i pe ceilalți și învățând să ne acceptăm așa cum suntem cu adevărat, în loc să ne agățăm de propria imagine în conformitate cu care încercăm să ne trăim viața.

Acest lucru duce în mod natural la o stare de spirit în care nu mai suntem nemulțumiți, iar prețuirea de sine este mult diminuată. Prețuirea de sine nu înseamnă că suntem o persoană deosebit de egoistă. Mai degrabă înseamnă că nu îi considerăm pe ceilalți la fel de importanți ca noi, sau că nu îi plasăm pe ceilalți înaintea noastră. A ne pune pe noi pe primul loc este un obicei normal, adânc înrădăcinat. A-i considera pe ceilalți egali cu noi necesită, de obicei, o practică sârguincioasă.

În cele din urmă, cea mai puternică și adevărată cauză a fericirii este capacitatea de a dezvolta bunătate și compasiune iubitoare autentice, într-un mod nepărtinitor. O astfel de stare a minții este adevăratul fundament al fericirii pentru fiecare în parte, indiferent de propriile circumstanțe. Descoperim că a ne concentra asupra fericirii altora ne va face fericiți în mod natural, în timp ce preocuparea doar de propria fericire poate conduce la dezamăgire și la eșec în a obține ceea ce așteptam. Dacă vei atinge cel mai profund nivel de iubire și compasiune, atunci oriunde vei merge te vei simți ca acasă. Vei fi capabil să menții un nivel profund de compasiune și toleranță pentru toți cei pe care îi vei întâlni, indiferent de atitudinile și acțiunile lor și te veți simți complet în largul tău și relaxat.

De obicei, chiar dacă avem anumite forme de bunătate și compasiune, acestea sunt totuși limitate sau parțiale, fiind asociate cu anumite grade de atașament, egoism sau prețuire de sine. Pe de altă parte, dacă dezvoltăm iubirea și compasiunea într-un mod necondiționat, fericirea noastră poate deveni atât de puternică și de stabilă, încât sentimente precum tristețea, depresia, singurătatea și chiar stresul, au șanse mult mai mici să apară. În cele din urmă, baza pentru acest tip necondiționat de compasiune este natura noastră iluminată sau „altruismul înnăscut". Chiar și o compasiune limitată ne va conduce mai aproape de această bază.

IMPORTANȚA MINȚII

Nimic nu este bun sau rău, gândirea îl face să fie așa.
- William Shakespeare -

~

În același mod în care credem că fericirea noastră depinde de circumstanțe externe, putem să cădem în capcana de a crede că nefericirea este determinată de condiții externe. Putem da vina pentru nefericirea noastră pe lipsa banilor, sau, dacă putem să avem suficienți bani, pe faptul că muncim prea mult și nu avem timp pentru o vacanță. Putem da vina pe şeful nostru care nu ne respectă, sau pe partenerul nostru care nu ne iubeşte suficient. Cu toate acestea, nu evenimentele externe sunt cele care ne provoacă nefericirea, ci mintea noastră.

Când am început să scriu această carte, tocmai mă mutasem într-o casă nouă. Am simţit că am plătit mai mult decât ar fi trebuit şi, câteva zile mai târziu, sistemul de apă caldă a cedat, ceea ce a însemnat că a trebuit să supravieţuim cu duşuri reci în mijlocul iernii. Era uşor să fim supăraţi şi să ne plângem de milă. Cu toate acestea, reflectând asupra circumstanţele noastre, am reuşit să privim situaţia dintr-o perspectivă diferită. Ne-am dat seama că suntem foarte norocoşi să avem o casă a noastră şi apă curentă, când mulţi oameni din lumea largă nu au nici măcar apă curată de băut. Privind problema noastră din această nouă perspectivă şi apreciind mai degrabă ceea ce aveam decât ceea ce nu aveam, am reuşit să vedem cât de minoră era nenorocirea.

Acest exemplu este destul de banal în comparaţie cu multe dintre provocările cu care trebuie să ne confruntăm. Pentru a da un alt exemplu, recent, cea mai iubită persoană din viaţa mea, draga mea mamă, a murit. În plus, mai multe persoane faţă de care fusesem foarte amabil şi în care aveam mare încredere, au încercat să-mi facă rău, în ciuda celor mai bune intenţii ale mele de a-i ajuta. La început, am fost extrem de şocat. Mă simţeam de parcă întreaga mea lume fusese dată peste cap, că pierdusem totul şi că munca mea de o viaţă nu însemna nimic. Cu toate acestea, când m-am gândit la toate lucrurile mai rele care s-ar fi putut întâmpla, mi-am dat seama că situaţia mea nu era chiar atât de rea. Încă mai aveam sănătate şi integritate, mă simţeam în siguranţă şi încă mai aveam în jurul meu oameni cărora le păsa de mine şi care ar fi avut grijă de mine.

Când mă gândesc la alte dintre experienţele mele, pot aprecia că ghinionul aduce adesea oportunităţi neaşteptate. Dacă ne permitem să vedem situaţiile în această lumină pozitivă, putem beneficia foarte mult prin practicarea recunoştinţei. Această situaţie particulară, de exemplu, m-a învățat câteva lecții importante despre mine, pe care le pot aplica în viitor. De asemenea, a consolidat unele dintre relațiile mele cu cei apropiați.

Dacă învățăm să privim lucrurile dintr-un unghi diferit, putem aprecia tot ceea ce avem, cum ar fi apa curentă, și să știm că a nu avea apă caldă pentru o perioadă scurtă de timp nu este chiar atât de grav. De asemenea, putem învăța să realizăm și să acceptăm că ghinionul este o parte naturală și inevitabilă a vieții pentru noi toți. La început, ceva poate părea o nenorocire, dar, de fapt, ne poate învăța câteva lecții valoroase. În acest fel, un prieten care se întoarce împotriva noastră, moartea unei persoane dragi sau pierderea a ceva pentru care am muncit din greu, nu ne vor face neapărat nefericiți. Chiar dacă simțim o tristețe intensă, dacă putem să învățăm să acceptăm situațiile dificile, păstrând în același timp o perspectivă fermă și echilibrată, atunci vom experimenta mult mai puțină nefericire.

După cum explică Sanctitatea Sa Dalai Lama, cauzele adevărate ale fericirii se găsesc în mintea noastră:

Desigur, circumstanțele externe pot contribui la fericirea și starea de bine a cuiva, dar în cele din urmă fericirea și suferința depind de minte și de modul în care aceasta percepe.

ÎNȚELEGEREA SUFERINȚEI ȘI A CAUZELOR SALE

Marile filosofii din aproape toate culturile lumii ne conduc la o idee comună, și anume că, atunci când privim cu sinceritate la situația noastră, trebuie să ajungem în concluzia că fericirea nu este o stare înnăscută sau naturală a vieții - deci este la fel de important să acceptăm „întunericul" pe cât este de important să apreciem „lumina" vieții. Din păcate, ne este foarte ușor să credem că avem „dreptul" la adevărata fericire și, prin urmare, ne aşteptăm să o găsim. Această perspectivă, însă, va conduce întotdeauna la dezamăgire.

Primul pas pentru a atinge fericirea este să ştii că suferinţa este o parte inevitabilă a vieţii. Priveşte în jurul tău şi gândeşte-te la toţi oamenii care îţi sunt dragi. În fiecare secundă, din momentul în care se nasc, ei deja îmbătrânesc şi se apropie de moarte. Nu ştim cine va avea o viaţă lungă sau o viaţă scurtă. Aceasta te include şi pe tine. Boala şi moartea pot surveni oricând, fără avertisment, şi chiar şi cu cele mai bune îngrijiri medicale din lume, nu putem să facem nimic în această privinţă. Aproape toate experienţele noastre conţin un element de suferinţă - nu obţinem ceea ce ne dorim, obţinem ceea ce nu ne dorim, ne despărţim de oamenii pe care îi iubim sau poate iubim pe cineva căruia nu îi pasă prea mult de noi. S-ar putea chiar să avem doar un sentiment general de nemulţumire pe care nu-l putem clarifica, ceea ce ne determină să punem la îndoială toate comportamentele celorlalţi faţă de noi. De asemenea, circumstanţele bune sunt menite să se schimbe, indiferent în ce etapă a vieţii ne aflăm.

Putem să înţelegem că suferinţa este inevitabilă atunci când admitem că, deşi ne străduim din greu de la naştere până la moarte, nu putem să găsim niciodată fericirea durabilă. Dacă viaţa nu ar conţine această suferinţă inerentă, ci ar fi „neutră", atunci majoritatea oamenilor ar găsi fericirea autentică, deoarece toţi urmăresc fericirea pe parcursul vieţii. Însă aceasta nu este realitatea. Este rar să găsim pe cineva care a atins cu adevărat fericirea autentică. Prin urmare, dacă găsim o astfel de fericire, în loc să o considerăm ca fiind ceva obţinut de drept, ar trebui să învăţăm să o apreciem cu adevărat, chiar să fim uimiţi. Ar trebui să ne dăm seama că a găsi fericirea într-o viaţă plină de suferinţă, este ca şi cum ai găsi o cascadă în mijlocul unui deşert!

Cu toate acestea, nu spun că din moment ce suferinţa este o parte inevitabilă a vieţii, trebuie să o acceptăm ca fiind soarta noastră, pentru că nu există nicio modalitate de a o depăşi. Dacă suntem bolnavi, consultăm un medic care ne spune de ce anume suferim și ne dă anumite medicamente care, sperăm, ne vor ajuta. Similar, recunoscând suferința drept ceea ce este, ne putem gândi profund la cauzele și condițiile care conduc la suferință ori la fericire. Adesea suntem atât de fixați pe fericirea sau suferința pe care o trăim, încât suntem convinși că se datorează norocului sau ghinionului. Rareori ne gândim să încercăm să identificăm cauza, cu scopul de a o schimba. Prin urmare, cel mai înțelept lucru de făcut este să ne uităm la rădăcina sau sursa problemei, precum un medic care identifică cauza unei boli.

Toate acestea conduc la întrebarea: care este cauza principală a tuturor suferințelor și nemulțumirilor noastre. Deoarece fericirea și suferința nu sunt cauzate direct de evenimente externe, așa cum credem adesea, ci mai degrabă de *modul în care mintea reacționează* la evenimentele externe, am putea spune că sursa suferinței noastre este gândirea rigidă sau neînțeleaptă. Ori de câte ori nu reușim să acceptăm ceea ce se întâmplă în jurul nostru, ne închidem într-o cușcă de gânduri și emoții negative precum furia, lăcomia, mândria, gelozia sau teama. Aceste emoții preiau controlul asupra noastră, consolidându-ne gândurile negative. Ciclu acesta continuă la nesfârșit, până când, în cele din urmă, reușim să renunțăm la emoțiile negative și să le înlocuim cu moduri mai virtuoase și pozitive de a gândi și de a simți.

Un alt mod de a spune acest lucru este că suferința și nemulțumirea depind de încăpățânarea cu care mintea se agață de așteptările sale ca viața să se desfășoare într-un anumit mod. Deoarece tindem să acordăm o importanță atât de mare evenimentelor externe, fie ne atașăm de ele, fie le respingem, iar această atitudine este cea care ne limitează nivelul de fericire.

Știind acest lucru, este atunci posibil să obținem o fericire durabilă? Răspunsul este un „da" categoric, deoarece fericirea depinde de cauze și condiții, așa cum am prezentat deja. În special, ea depinde de cultivarea unei minți înțelepte și flexibile, care nu este împovărată de așteptări, împreună cu gânduri și acțiuni virtuoase, cum ar fi iubirea imparțială și compasiunea. Această compasiune adevărată evoluează în mod natural odată ce ne dezvoltăm calități precum conduita etică, diligența și înțelepciunea.

Deoarece atât fericirea, cât și suferința depind de cauze specifice, dacă abandonăm cauzele suferinței și îmbrățișăm cauzele fericirii, putem să fim complet încrezători că vom deveni mai fericiți și vom ajunge în cele din urmă la o stare inviolabilă de fericire durabilă. Vom deveni atunci precum un ocean care rămâne calm în adâncuri, indiferent de cât de agitate sunt valurile la suprafața lui. Deși nu este o sarcină ușoară, dacă toate cauzele suferinței sunt complet eradicate, atunci nefericirea nu mai este posibilă! Scopul acestei cărți este de a învăța cum putem să depășim cauzele suferinței, cultivând în același timp acțiuni virtuoase, pentru a ajunge la această stare de fericire supremă. Modul în care putem să realizăm acest lucru este explorat de-a lungul fiecărui capitol.

ÎNȚELEPCIUNE ANTICĂ, LUME MODERNĂ

Putem să aprofundăm și mai mult înțelegerea adevăratelor cauze ale fericirii, analizând unele idei cuprinse în filosofiile occidentală și orientală și, de asemenea, examinând descoperirile psihologiei și neuroștiinței moderne.

Ceea ce am prezentat până acum este influențat semnificativ de perspectiva mea de călugăr budist, însă mulți dintre marii filosofi occidentali afirmă, de asemenea, că pentru a găsi orice fel de fericire trebuie să acceptăm realitatea suferinței[4] și să realizăm că o gândire mai înțeleaptă ne-ar putea ajuta să o depășim. Seneca, tutorele decadentului împărat roman Nero, a simțit pe propria piele consecințele mâniei și mândriei. Bazându-se pe experiențele sale, el a vorbit despre pericolul de a avea așteptări nerealiste, care ne fac să credem că multe lucruri sunt nedrepte sau dezamăgitoare, ceea ce conduce la frustrare și suferință.

Socrate, cel care susținea că „o viață neanalizată nu merită trăită", a subliniat importanța utilizării raționamentului logic pentru a pune la îndoială presupunerile pe care le susținem adesea, cum ar fi „dacă sunt bogat voi fi fericit". Epicur, la rândul său, a propus ca baza unei vieți fericite să emane din companie, simplitate și o viață bine analizată; prea multă concentrare pe căutarea plăcerii ar conduce întotdeauna la nemulțumire.

Psihologia modernă este de acord cu aceste principii generale. Multe persoane din comunitatea noastră suferă de depresie. Una dintre metodele de tratare a depresiei este terapia cognitiv comportamentală[5], care încearcă să ajute oamenii să devină conștienți de gândurile și percepțiile lor negative și apoi să le înlocuiască cu gânduri raționale, care reflectă mai îndeaproape realitatea unei situații. De exemplu, putem crede că suntem nevrednici dacă facem o greșeală, iar această presupunere ne determină să uităm că nimeni nu este perfect și că sentimentul nostru de a avea valoare vine, într-adevăr, din interior. Acest tip de terapie poate ajuta unele persoane cu depresie la fel de eficient precum medicamentele și poate fi folosită pentru a depăși o varietate de obiceiuri de gândire nefolositoare, născute din emoții distructive precum furia, vinovăția și anxietatea. Terapia le permite pacienților să își recunoască obiceiurile de gândire negative, iar disciplina antrenamentului mental regulat îi poate ajuta ulterior să depășească gândirea negativă și să vadă mai clar realitatea situației lor.

Deși psihologia modernă s-a axat în principal pe înțelegerea și tratarea bolilor mintale, în ultimii ani au fost efectuate numeroase cercetări cu privire la factorii care ne fac să prosperăm și să atingem un nivel mult mai ridicat de fericire. Acest domeniu al „psihologiei pozitive", care se concentrează pe modul de cultivare a stărilor mentale pozitive, a arătat că există trei componente esențiale ale fericirii: plăcerea, implicarea în viață și găsirea unui sens sau a unui scop mai mare pentru a trăi. Dintre aceste trei componente, cercetările au arătat că plăcerea este, de departe, cea mai puțin importantă cauză a unei vieți fericite și satisfăcute. Există destul de multe abilități pe care le putem practica pentru a ne spori sentimentul de implicare și de sens al vieții, cum ar fi ținerea unui „jurnal al recunoștinței" sau acționarea cu generozitate în prezența celorlalți.

Dintre numeroasele studii psihologice care analizează problema fericirii, doresc să menționez unul deosebit de interesant, elaborat de Philip Brickman în 1978. Mulți oameni visează să câștige la loterie și cred că, dacă ar câștiga toți acei bani, fericirea ar fi a lor. Cu toate acestea, psihologii care au studiat câștigătorii la loterie au constatat că, în general, după un an de la câștig aceștia nu erau mai fericiți[6] decât fuseseră înainte. De asemenea, au fost intervievați oameni care au devenit paraplegici în urma unui accident. La un an după accident, cei mai mulți dintre ei erau la fel de fericiți ca înainte de a deveni paraplegici. De fapt, cei mai mulți erau la fel de fericiți ca și câștigătorii la loterie, la un an după câștig. Acest studiu arată clar că nici fericirea, nici nefericirea nu depind de condiții externe. Fericirea vine din interiorul nostru și depinde de modul în care ne percepem situația.

Cred oare oamenii de știință că obținerea unei fericiri durabile este posibilă pentru toată lumea? Cercetătorii neuroștiinței au descoperit abilitatea incredibilă a creierului de a se schimba atunci când ne antrenăm să gândim într-un anumit mod, capacitate cunoscută sub numele de neuroplasticitate. Experimentele au arătat că, dacă o persoană este foarte atentă la ceea ce vede sau face, zonele din creier care primesc semnale vizuale sau înregistrează mișcarea vor deveni mai mari. De exemplu, dacă petrecem mulți ani cântând la vioară, zona din creier care controlează mișcările degetelor[7] se va mări. În mod similar, dacă petrecem o mare parte din timp concentrându-ne asupra iubirii și compasiunii[8], multe zone ale creierului, în special în cortexul prefrontal stâng, se vor modifica. Majoritatea oamenilor de știință obișnuiau să creadă că fiecare dintre noi are un „punct de referință al fericirii", un anumit nivel de fericire pe care nu putem să-l schimbăm cu adevărat odată ce am devenit adulți[9]. Acum, datorită multor cercetări noi, oamenii de știință descoperă posibilitatea de a transforma creierul la orice vârstă.

În consecință, indiferent de vârsta pe care o avem, ar trebui să fim capabili să ne antrenăm pentru a ne crește nivelul de fericire, atâta timp cât cunoaștem care sunt condițiile necesare pentru o viață fericită.

Explorarea condițiilor fericirii

Noi toții avem un potențial înnăscut pentru fericire, însă trebuie să fim conștienți de condițiile specifice care ne vor conduce la descoperirea acestui potențial. Am menționat că fericirea depinde mai degrabă de minte decât de evenimentele externe și, mai mult, că depinde de multe cauze și condiții legate de modul în care gândim și acționăm. Vom analiza acum cu atenție care sunt aceste condiții de bază pentru fericire, aplicabile indiferent de stilul de viață al unei persoane sau de etapa în care se află. Pentru început, vom explora problema nevoilor umane de bază.

NEVOI UMANE DE BAZĂ

În primul rând, trebuie să recunoaștem că există anumite nevoi umane de bază, care, pentru majoritatea dintre noi, trebuie să fie îndeplinite înainte de a putea contempla dimensiunile superioare ale fericirii. Anumite persoane, foarte dezvoltate spiritual, pot atinge fericirea indiferent de condițiile externe, cum sunt unii yoghini, lama, sau pustnici care trăiesc în Himalaya. Aceștia ating fericirea în ciuda lipsei, uneori timp de mulți ani, a unor alimente suficiente, a celui mai simplu adăpost și a contactului uman. Acest lucru este posibil doar prin ani de practică spirituală sârguincioasă. Totuși, majoritatea dintre noi avem nevoie de satisfacerea următoarelor nevoi:

1. **Nevoi de supraviețuire**
   Acestea includ lucruri precum hrană, apă și adăpost. Fără ele, majoritatea oamenilor consideră că este imposibil să își concentreze mintea asupra unor scopuri mai înalte.

2. **Siguranță**
   În ciuda faptului că nu există garanții de siguranță deplină, indiferent de locul din lume în care ne aflăm, trebuie să avem un adăpost împotriva elementelor (de exemplu protecție împotriva incendiilor și a furtunilor), precum și siguranța de a nu fi răniți sau uciși de alte ființe.

3. **Contact și comunicare**
   Dacă dorim să participăm în societate într-un mod semnificativ, trebuie să avem o anumită formă de comunicare cu ceilalți. Această comunicare poate fi directă, sau prin intermediul cuvântului scris. Comunicarea ne permite să învățăm și ne oferă îndrumare. Fără comunicare, este extrem de dificil să realizăm ceva care să influențeze sau să aducă beneficii societății, indiferent de scopul pe care îl urmărim.

4. **Libertate**
   Este esențial să înțelegem că există diferite tipuri de libertate - externă și internă. Fericirea rămâne însă posibilă chiar și fără libertăți externe, cum ar fi libertatea de exprimare, sau posibilitatea de a avea acces la asistență medicală. Cu toate acestea, absența acestor libertăți ar face mai dificilă realizarea lucrurilor care pot fi importante pentru noi. Pe de altă parte, libertatea interioară, care înseamnă libertate față de propriile noastre emoții și dorințe, este absolut necesară pentru fericire. Voi reveni asupra acestui subiect mai târziu.

5. **Recunoaștere și respect**

   Nu mă refer la faimă sau celebritate, ci mai degrabă la recunoașterea de către ceilalți a faptului că ești om și că ești respectat ca ființă umană liberă. Aceasta înseamnă că nu ești pur și simplu privit drept un obiect sau o marfă. Dacă trăiți într-o țară democratică, cel mai probabil v-au fost deja acordate drepturile și respectul unei ființe umane.

Dacă fiecare dintre aceste nevoi fundamentale este satisfăcută, există potențialul ca împreună cu toți ceilalți, să atingem o mare fericire. Deși poate părea surprinzător, de fapt nu avem nevoie de nimic mai mult. Dacă suntem deja suficient de norocoși să avem aceste nevoi fundamentale satisfăcute, dar nu reușim să recunoaștem acest lucru, sau să le apreciem, nu vom putea să profităm la maximum de ocazia prețioasă pe care o avem de a deveni o persoană fericită. A căuta ceva mai mult de atât ne poate ajuta să devenim mai fericiți, însă eforturile noastre se pot întoarce împotriva noastră și ne pot complica situația sau pot conduce la frustrare.

NEVOI ȘI DORINȚE

Cele cinci nevoi de bază menționate mai sus sunt necesare atât pentru supraviețuire, cât și pentru obținerea unor condiții favorabile fericirii - atât în exterior, cât și, mai important, în interior. De fapt, ele sunt esențiale pentru fericire. Cu toate acestea, aceste nevoi de bază trebuie să fie satisfăcute doar într-un mod elementar și, prin urmare, trebuie să fim capabili să discernem diferența dintre nevoi și dorințe. Ce vreau să spun prin aceasta? Străduindu-ne pentru o viață de lux și încercând să ne agățăm de tot mai multe lucruri exterioare, putem să experimentăm o anumită plăcere sau satisfacție, dar, treptat, ne pierdem concentrarea interioară și, prin urmare, ne este din ce în ce mai greu să fim cu adevărat fericiți.

Putem să supraviețuim doar cu apă, pâine și câteva legume, dar, de obicei, ne dorim cât mai multe varietăți de băuturi și alimente. Ne putem ține de cald doar cu una sau două ținute modeste, dar, în schimb, ne cumpărăm o întreagă garderobă de haine la modă pentru a ne întări imaginea de sine. Pentru adăpost și protecție, adesea căutăm luxul unei case cu mai multe camere decât sunt cu adevărat necesare. Preocuparea pentru obținerea altor lucruri materiale, cum ar fi ultimul model de mașină la care am visat ani de zile, poate crea mai multe dificultăți și ne poate îndepărta de fericire.

De asemenea, avem atât de multe diferite modalități de a comunica și de a aduna informații - telefoane mobile, internet, televiziune și ziare, aceasta doar pentru a numi câteva. Deoarece ne-am obișnuit cu multe dintre aceste lucruri, putem deveni nemulțumiți ușor, dacă așteptările noastre nu sunt îndeplinite. În plus, mulți dintre noi suntem prinși în căutarea compulsivă a ceea ce considerăm a fi o viață mai bună, muncind multe ore și chiar îndatorându-ne pentru a finanța această „viață mai bună". Dacă, în schimb, am alege să ne simplificăm viața și să acceptăm un venit mai mic, am putea avea mai mult timp liber pe care să îl dedicăm lucrurilor care ar da vieții noastre un sens mult mai profund.

Adesea nu suntem mulțumiți să fim recunoscuți doar ca ființe umane, ci dorim să fim considerați speciali, mai presus de ceilalți. Căutăm iubire și acceptare și dorim să fim apreciați de partenerii noștri, de familie, de prieteni și de comunitate, dorindu-ne să fim admirați de către cei de care ne pasă. În plus, avem un impuls foarte puternic de a ne îndrăgosti, care, pentru majoritatea dintre noi, este amestecat cu un mare atașament. Acest lucru poate conduce la gelozie, resentimente, sau chiar la o inimă frântă, dacă lucrurile nu merg așa cum ne așteptăm. Prin urmare, trebuie să fim foarte sinceri și să ne reamintim mereu că în umbra iubirii romantice se poate ascunde o mare tristețe și că s-ar putea să nu avem întotdeauna nevoie de iubire pentru a fi fericiți.

Deși am putea să credem că banii ne vor face fericiți, nici acest lucru nu este neapărat adevărat. De acord, avem nevoie de bani pentru a supraviețui, dar ceea ce considerăm că este suficient depinde de atitudinea noastră. Mulți dintre noi cunoaștem oameni bogați care sunt mult mai puțin fericiți decât cei cu venituri modeste, iar cazul câștigătorilor la loterie menționați mai sus pare să susțină acest lucru.

Prin urmare, ori de câte ori ne trezim că ne dorim mai mulți bani, sau că suntem tentați în mod excesiv de posesiunile materiale, sau prinși în mreje de aproape orice dorință, este important să reflectăm la întrebarea: de ce avem nevoie cu adevărat? Vei descoperi repede că vei fi mai fericit pe termen lung dacă înțelegi diferența dintre nevoi și dorințe și apoi, în consecință, îți vei simplifica viața.

PLĂCERE VERSUS FERICIRE

Deseori, oamenii cred că fericirea implică un sentiment de emoție sau plăcere. Trăim emoții, de exemplu, atunci când ne cumpărăm prima mașină sau prima casă, ne căsătorim, sau mergem în vacanță. Simțim plăcere atunci când practicăm hobby-ul preferat, mergem la plajă sau la film, sau petrecem timp cu prietenii. Putem confunda acest sentiment de plăcere trecătoare cu fericirea. Cu toate acestea, acest tip de „fericire" este prin natura sa scurt și profund instabil, deoarece se bazează exclusiv pe un stimul extern. Atunci când stimulul extern dispare, sentimentul de fericire dispare și el.

Deși nu este nimic greșit în a experimenta plăcerea, este esențial să fim conștienți că aceasta este doar cel mai superficial nivel al fericirii. Dependența de plăcere ne va împiedica să accesăm dimensiunile mai profunde ale fericirii.

Un tip mai stabil de fericire este cel care provine din atingerea măiestriei în cultivarea capacității mentale și a aptitudinilor. Acesta include satisfacția obținută prin activități care vizează erudiția, știința, sportul, arta sau practica religioasă. Se poate include, de asemenea, realizarea unei invenții sau implicarea profundă în ceva în care suntem angajați. Este similar cu tipul de fericire pe care îl experimentăm atunci când suntem în „starea de flux"[10], care apare când suntem complet implicați în munca noastră, sau într-o activitate care ne place. Acest lucru se întâmplă atunci când suntem atât de concentrați, ne place și suntem buni la ceea ce facem, încât, pur și simplu, sunt puține șanse să apară plictiseala, tristețea sau anxietatea.

Ambele tipuri de fericire sunt mai stabile decât fericirea bazată în întregime pe senzațiile exterioare, deoarece provin parțial din interior și depind de atitudinea noastră mentală. Însă aceste tipuri de fericire nu sunt în totalitate stabile. De exemplu, ce se întâmplă dacă specialistul își pierde accesul la resurse dintr-un motiv oarecare? Sau dacă omul de știință nu își poate continua cercetările din cauza lipsei de finanțare? Dacă astfel de activități ar fi singurele surse de fericire ale unor persoane, atunci ele ar putea să fie cuprinse de disperare.

Din nou, se confirmă faptul că adevărata fericire nu se bazează pe nicio formă de stimulent sau condiție externă. Ea este complet stabilă, deoarece este un sentiment care provine în totalitate din interior, sentiment caracterizat de înțelepciune, compasiune și cunoașterea faptului că viața este profundă și semnificativă. Dacă avem compasiune și înțelepciune autentice, le vom avea pentru întotdeauna, independent de condițiile externe. Totuși, aceasta nu înseamnă că ar trebui să ne abținem de la activitățile care ne oferă o plăcere momentană, ci mai degrabă, ar trebui să ne asigurăm că tot ceea ce facem este conectat la o semnificație și un scop mai profunde. O persoană cu această cunoaștere poate să ajungă la un stadiu în care fericirea nu mai este dependentă de ceea ce se întâmplă în lumea exterioară și, având acest tip de fericire, ea este complet liberă.

CALITĂȚI MENTALE VIRTUOASE

Am menționat că, indiferent cât de bune sunt condițiile noastre exterioare, nu vom fi niciodată cu adevărat fericiți dacă nu sunt prezente anumite calități mentale virtuoase. Aceste calități apar din adâncul inimii cuiva și, atunci când sunt cultivate, formează baza unui caracter matur, profund și complex. Aliniate cu ceea ce prețuim cel mai mult în viață, sunt calitățile mentale pentru care am dori să fim amintiți. De asemenea, ele susțin și dau sens vieții noastre în momentele dificile.

Esența acestor calități virtuoase este susținută de aproape toate tradițiile religioase și culturale importante din lume. Indiferent de tradiție, există diferite niveluri de înțelegere sau maturitate la care putem accepta și practica aceste calități. Este important să ne amintim că, mai degrabă decât un obiectiv, aceste calități mentale descriu o direcție în care dorim să continuăm să ne îndreptăm. De exemplu, dacă vă străduiți să fiți empatici și atenți față de ceilalți, acesta este un angajament continuu, care va modela modul în care veți trăi pentru tot restul vieții. Nu este un obiectiv pe care l-ați atins și apoi îl uitați.

Dacă ne angajăm să cultivăm calități mentale virtuoase, ne vom conecta cu valorile noastre cele mai profunde și, prin urmare, vom avea întotdeauna un anumit grad de fericire și sens în viața noastră. De fiecare dată când punem în practică aceste calități virtuoase, putem fi încrezători că vom planta o sămânță care, în cele din urmă, se va maturiza în fericire adevărată. Este util să ne gândim la cultivarea acestor calități ca la un proces de cauză și efect - o sămânță bună va duce la un rezultat bun, în timp ce o sămânță rea va duce la un rezultat rău. Anumite persoane vor descoperi că unele dintre aceste calități „le vin" mai natural decât altora. Acest lucru este similar cu ideea de „puncte forte" din psihologia modernă[11], care descrie trăsăturile de caracter bune ce ne pot ajuta să ne creăm o viață bogată și plină de sens dacă alegem să ne concentrăm asupra lor.

Calitățile virtuoase pe care trebuie să le cultivăm sunt împărțite în categorii directe și indirecte. Calitățile indirecte contribuie la fericirea noastră prin îmbunătățirea, într-un fel sau altul, a condițiilor noastre externe, în timp ce calitățile directe vor conduce imediat la fericire. Deși dificil, este totuși posibil să fim fericiți fără calitățile indirecte, dar nu putem să atingem niciodată fericirea fără calitățile directe.

Înainte de a detalia care sunt aceste calități, este necesar să menționăm importanța înțelepciunii și a compasiunii. Înțelepciunea este o combinație a tuturor calităților pe care le-am enumerat mai jos, cât și parte a acestora, dar se situează și deasupra lor. Înțelepciunea nu este însă același lucru cu inteligența, deoarece nu înseamnă să cunoști o mulțime de lucruri. Mai degrabă înseamnă o bună înțelegere practică a ceea ce este cu adevărat important și cum să aplici acest lucru în viața de zi cu zi.

Compasiunea, de asemenea, este absolut necesară dacă suntem interesați să atingem cele mai înalte niveluri de fericire. Practicarea fiecăreia dintre celelalte calități ne va conduce la un anumit nivel, dar numai prin cultivarea unui spirit autentic de compasiune sau altruism ne vom descoperi potențialul suprem. Așadar, mai presus de orice altceva, avem nevoie de compasiune și înțelepciune pentru a atinge fericirea.

Practicând aceste calități, este posibil ca atitudinea și acțiunile noastre să fie apreciate, afectându-i pe cei din jur într-un mod pozitiv. Cu toate acestea, reversul poate fi de asemenea adevărat și putem constata că unii oameni reacționează negativ. Acest lucru se datorează faptului că mergem pe calea altruismului, iar cei care nu merg pe o cale similară se pot simți amenințați, sau nu reușesc să ne înțeleagă. Reacțiile lor ar putea fi provocatoare și nerezonabile dacă nu văd scopul a ceea ce facem. O astfel de situație ne solicită să dezvoltăm și mai multă compasiune, pentru a înțelege sursa reacțiilor lor negative și pentru a răspunde în modul cel mai abil și adecvat. Astfel ea poate deveni apoi o oportunitate de a practica disciplina spirituală în viața de zi cu zi.

A. Calităţi indirecte

Tărie de caracter

Dacă avem un caracter puternic sau curajos, putem să realizăm multe lucruri în viaţă şi astfel să obţinem bucurie şi satisfacţie. O persoană care nu are un caracter puternic va avea dificultăţi în a lua decizii şi în a-şi atinge obiectivele şi, în consecinţă, va găsi fericirea mult mai greu.

Ambiţie, entuziasm şi determinare

Acestea sunt calităţi care ne permit să obţinem succesul în viaţă. Dacă nu avem o direcţie clară sau entuziasm, vom cădea în automulţumire sau lene şi nu ne vom îmbunătăţi niciodată propria situaţie sau pe cea a altora. Prin urmare, viaţa noastră poate deveni foarte plictisitoare. Chiar dacă avem ambiţie, dar ne lipseşte o voinţă puternică sau determinarea, este uşor să fim distraşi şi să ne pierdem timpul preţios. Amintiţi-vă, totuşi, că muncind din greu nu înseamnă că viaţa noastră va fi mai grea, lucrurile vor fi de fapt mult mai uşoare pe termen lung.

Deşi putem deveni foarte stresaţi, dacă suntem prea ambiţioşi, acest lucru ne va pune într-o situaţie mult mai bună decât aceea de a fi leneşi şi vom ajunge, treptat, să ne bucurăm de procesul de a munci din greu în fiecare zi, mai ales dacă obiectivele noastre sunt semnificative. Atunci când ambiţia este combinată cu o inimă bună şi înţelepciune, putem garanta rezultate pozitive în viitor. Fără o inimă caldă sau altruism, putem realiza lucruri măreţe, dar, dacă nu suntem atenţi, consecinţele pot fi negative, aşa cum s-a văzut de-a lungul istoriei, când ascensiunile dictatorilor au cauzat mari prejudicii.

Consideraţie, grijă pentru ceilalţi şi empatie

Aceste calităţi ne ajută să creăm şi să menţinem relaţii bune cu alte persoane, ceea ce este important pentru propria noastră fericire. În plus, vom descoperi că, dacă suntem amabili cu ceilalți, există mai multe șanse ca ei să fie amabili cu noi, uneori imediat, sau alteori mulți ani mai târziu. Meritul acțiunilor noastre va crește cu siguranță, poate chiar într-un mod ascuns, iar rezultatele benefice vor veni în mod natural. Nimeni nu poate atinge fericirea deplină fără a-i ajuta pe alții.

Respect pentru ceilalți

Dacă avem întotdeauna respect sau considerație pentru ceilalți, atunci suntem siguri că vom avea mai puține probleme în relațiile noastre cu oamenii și este mult mai probabil să menținem pacea și liniștea. A-i respecta pe ceilalți înseamnă a acționa cu smerenie și politețe și a fi dispus să înțelegi punctul lor de vedere, sau să empatizezi cu limitările lor, ceea ce conduce în mod natural la sentimente de apropiere, afecțiune și armonie în relații.

Răbdare

Aceasta este o calitate importantă, dar este ușor să înțelegem greșit modul în care ar trebui să fie dezvoltată răbdarea. Dacă putem să schimbăm o situație în bine acționând, nu este în regulă să stăm deoparte și să ne gândim: „Acum o să exersez răbdarea". Acest tip de atitudine este o formă de lene sau de complacere, nu de răbdare! A avea răbdare înseamnă că putem să gestionăm sau să facem față oricărei situații care nu merge bine, fiind toleranți indiferent de cât de frustrantă poate să fie situația. Totuși, ar trebui să avem prezența de spirit pentru a acționa cu pricepere și în mod adecvat, în loc să „renunțăm", sau să așteptăm fără să ne deranjăm să căutăm o soluție.

B. Calități directe

Autocontrol

Acest lucru este absolut necesar pentru a ne gestiona emoțiile, în special emoțiile negative precum furia și gelozia, cu excepția cazului în care avem o capacitate excepțională de a le folosi în mod constructiv. În unele culturi, oamenii tind să reprime adevăratele sentimente și emoții, de teama de a părea nepoliticoși sau lipsiți de maniere, iar ulterior, în timp, aceste sentimente reprimate se pot manifesta necontrolat. Ei pot reacționa prin izbucniri emoționale severe sau prin retragere completă și îndepărtare de orice situație provocatoare, ceea ce este cu mult mai rău decât o împărtășire normală a emoțiilor. Prin urmare, punctul cheie este să ne antrenăm să acceptăm și să stăpânim fluxul sănătos și normal de emoții, mai degrabă decât să-l suprimăm. Emoțiile pe care putem să învățăm să le controlăm includ furia și tristețea (care pot conduce la depresie dacă sunt lăsate în voie), precum și așteptările sau dorințele nerealiste, cum ar fi dragostea emoțională necontrolată.

Recunoștință

Dacă simțim recunoștință pentru lucrurile din jurul nostru în fiecare clipă, atunci este aproape imposibil să ne simțim deprimați sau nefericiți. Cea mai mare parte a nefericirii noastre nu provine din nenoroc, ci din lipsa de recunoștință, care ne afectează percepția asupra lumii exterioare. Fără recunoștință, nu putem fi niciodată fericiți, indiferent de circumstanțe.

Apreciere

Aceasta este strâns legată de recunoștință, deoarece, dacă suntem recunoscători vom fi în mod natural apreciativi. De obicei, oamenii sunt nefericiți pentru că uită să aprecieze multele lucruri bune pe care le au în viață. Unii aleg să privească lumea dintr-o perspectivă distorsionată, în care totul pare negativ, indiferent de ceea ce se întâmplă de fapt. Fără apreciere nu vom ajunge la adevărata fericire. Prin urmare, poate fi foarte benefic să ne antrenăm să apreciem orice noroc sau oportunitate care ne iese în cale, indiferent cât de mici pot părea.

Mulțumire

Atunci când trăim fericirea, ne simțim satisfăcuți. Acest sentiment de satisfacție nu depinde de condițiile externe sau de prosperitate, ci mai degrabă de calitatea interioară a mulțumirii. Fără această calitate nu vom fi niciodată complet satisfăcuți, vom simți mereu că avem nevoie de mai mult. Vom simți, de asemenea, că alții o duc mai bine decât noi, ceea ce va conduce la o spirală de emoții dăunătoare, precum gelozia și lăcomia. Cu toate acestea, cultivarea mulțumirii înseamnă cultivarea fericirii. Unii oameni au în mod natural un anumit grad de mulțumire și, prin urmare, le este mai ușor să dezvolte această calitate, în timp ce alții trebuie să fie mai sârguincioși. Totuși, este cu siguranță ceva ce putem învăța cu toții să consolidăm și să cultivăm.

Smerenie

O atitudine smerită ne ajută să învățăm să-i respectăm pe ceilalți și să cultivăm relații apropiate. La fel ca un recipient deschis sau o ușă deschisă, ea permite multor alte calități bune să apară în calea noastră. Mândria și aroganța, pe de altă parte, sunt precum un recipient răsturnat sau o ușă închisă, deoarece ne fac să gândim și să acționăm rigid și ne împiedică să învățăm lucruri noi. Prin urmare, smerenia este esențială dacă dorim să învățăm de la alții, să îi respectăm pe ceilalți, să ne înțelegem mai bine și să dobândim o viziune mai clară și mai plină de compasiune asupra realității.

C. Calităţi directe şi indirecte

Preţuire de sine şi încredere în sine

Aceste calităţi sunt indirect responsabile de fericire, deoarece sunt necesare pentru atingerea obiectivelor din viaţa noastră. În plus, dacă ne simţim bine cu noi înşine, mintea noastră este automat mai fericită! Prin urmare, uneori chiar şi lucrurile mărunte, cum ar fi purtarea unor haine frumoase sau un tuns, ne fac să ne simţim mai bine în pielea noastră şi pot contribui la încrederea în sine.

Concentrare

Dacă suntem capabili să ne concentrăm puternic şi să acordăm o atenţie mărită la tot ceea ce facem, ne va fi mai uşor să ne antrenăm mintea în toate celelalte calităţi. Fiind atenţi sau acordând atenţie la ceea ce se întâmplă de fapt în prezent, nu vom fi distraşi de gânduri inutile sau de sporovăiala mentală. În plus, putem să învăţăm să experimentăm o „stare de flux" sau de absorbţie în multe dintre activităţile pe care le întreprindem, ceea ce duce la creşterea bucuriei, a eficienţei şi, de asemenea, a productivităţii. Cu cât reuşim să menţinem cu mai mult succes o stare de calm interior, cu atât mai puţină anxietate vom experimenta. În timp, mintea noastră va deveni clară, ascuţită şi puternică.

Iertare

Iertarea este direct legată de fericire. Dacă învăţăm să cultivăm iertarea autentică, atunci mintea noastră nu va putea fi tulburată de furie sau resentimente. Acest lucru promovează un sentiment de pace interioară. Iertarea este, de asemenea, indirect responsabilă de fericire, deoarece atunci când iertăm sincer oamenii, relaţia noastră cu ei va deveni cu siguranţă mai armonioasă.

Iertarea este asemănătoare răbdării, în sensul că trebuie să fie aplicată cu înțelepciune. Ea nu înseamnă niciodată să lăsăm oamenii să ne calce în picioare. În orice situație în care cineva ne face rău, deși este esențial să avem întotdeauna o atitudine de iertare, putem încerca în continuare să îmbunătățim situația. A ierta nu înseamnă, de asemenea, să suprimăm sentimente precum furia. Este esențial să recunoaștem mai întâi orice furie sau resentiment pe care îl simțim, deoarece numai atunci poate apărea iertarea adevărată.

Generozitate

Efectul indirect al generozității este o îmbunătățire a relațiilor noastre cu ceilalți. În plus, atunci când avem o atitudine generoasă și le oferim altora timpul nostru, energia, sfaturile, bunurile noastre materiale, sau îndeplinim cu sinceritate orice alt act de generozitate, nu avem cum să ne simțim în același timp nefericiți. Inima noastră devine mai caldă, iar noi devenim mai liniștiți și mai fericiți. Cu toate acestea, trebuie să ne amintim că a fi generoși cu ceilalți nu trebuie să compromită capacitatea noastră de a ne iubi și de a avea grijă de noi înșine. Este vital să avem un sentiment puternic de prețuire și iubire de sine, drept bază pentru a extinde iubirea și generozitatea față de ceilalți. Fără aceasta, vom fi limitați în ceea ce privește cât de mult putem împărți cu ceilalți.

Compasiune

Compasiunea este esențială dacă vrem să ducem o viață cu adevărat fericită, iar metodele de dezvoltare a acesteia sunt explicate în detaliu pe parcursul acestei cărți. Compasiunea este grija pentru ceilalți oameni și pentru noi înșine într-un mod înțelept, cu o puternică conștientizare și recunoaștere a faptului că noi toți ne dorim în mod egal fericirea. Adevărata fericire nu poate fi niciodată atinsă dacă o căutăm în detrimentul altor oameni, însă ea poate fi cu siguranță atinsă prin compasiune față de ceilalți. Cu toate acestea, este esențial ca acest lucru să înceapă prin cultivarea compasiunii și a grijii față de noi înșine, iar acest lucru include aspecte precum o alimentație sănătoasă, exerciții fizice și rezervarea unor perioade de liniște pentru a ne „reîncărca bateriile". Nu putem avea compasiune față de ceilalți dacă nu știm cum să avem grijă de noi înșine.

Atunci când simțim compasiune adevărată, nu contează dacă ne place sau nu ne place cealaltă persoană, sau dacă o considerăm sau nu inteligentă. În același mod în care ne dorim ca noi înșine să fim fericiți, compasiunea înseamnă că și tu vrei ca *ei* să fie fericiți, recunoscând că toți ceilalți au aceeași dorință. Acest lucru are un impact atât direct, cât și indirect, asupra fericirii noastre. Când manifestăm compasiune autentică, mai ales fără să așteptăm nimic în schimb, acțiunile noastre față de ceilalți vor fi blânde și iubitoare, iar relațiile noastre cu ei se vor îmbunătăți cu siguranță. Dar, mai important, propria noastră minte va fi mai clară și calmă, precum un cer strălucitor de vară fără niciun nor. Adevărata fericire nu poate fi niciodată atinsă dacă o căutăm în detrimentul altor oameni, însă este cu siguranță obținută prin compasiunea față de ceilalți.

ACȚIUNI VIRTUOASE

Așadar, cum ne dezvoltăm aceste calități virtuoase? Nu este suficient să stăm și să ne gândim zi de zi: „Trebuie să fiu recunoscător, trebuie să am încredere în mine". Gândurile noastre ne ghidează acțiunile, dar, în același timp, acțiunile noastre au o anumită influență asupra modului în care gândim și asupra a ceea ce se întâmplă în jurul nostru. Uneori este posibil să nu avem experiența sau înțelepciunea de a ști cum să acționăm într-o anumită situație. Prin urmare, pe parcursul acestei cărți, am oferit îndrumări specifice cu privire la modul în care ne putem trăi viața pe baza unor *acțiuni virtuoase*. Dacă acționăm într-un mod cultivat și matur, ghidați de o bază de conduită etică, aceasta va conduce la o atitudine mentală mai sănătoasă și va face din mintea noastră un loc mai fertil pentru creșterea fericirii.

Pe măsură ce îmbătrânim și circumstanțele vieții noastre se schimbă, ne vom confrunta cu multe provocări diferite, motiv pentru care am oferit îndrumări specifice pentru tipurile de provocări cu care, în general, ne confruntăm în diferitele etape ale vieții. Însă, la baza tuturor acestor sfaturi se află câteva concepte de bază sau reguli, prin care ajungem să trăim o viață bună. Aceste cinci reguli (sau „cinci precepte", cum le numim în budism) sunt preluate direct din învățăturile lui Buddha. Cu toate acestea, ele sunt reflectate în aproape toate învățăturile morale și religioase din întreaga lume și oferă un cadru moral adecvat pentru modul în care ar trebui să trăim (deși interpretarea lor poate fi uneori complexă). Aceste cinci reguli sunt:

1. **Să nu ucizi**

   Nu trebuie să ucidem sau să rănim intenționat nicio ființă vie, inclusiv creaturi precum țânțarii, furnicile sau păianjenii. Fiecare ființă vie are sentimente precum frica și, prin urmare, suntem chemați să respectăm și să protejăm toate formele de viață. Acest lucru se aplică, de asemenea, pescuitului recreativ, care poate face ca peștii să simtă durere și stres imense, doar de dragul plăcerii personale.

2. **Să nu furi**

   Nu trebuie să luăm averea sau proprietatea care aparține altora fără permisiunea lor. Trebuie să luăm doar ceea ce ni se oferă în mod liber, fără manipulare.

3. **Să nu minți**

   Nu trebuie să mințim sau să ascundem adevărul pentru propriul beneficiu, sau în apărarea propriului interes.

4. **Să eviți comportamentul sexual necorespunzător**

   Ar trebui să ne abținem de la implicarea în comportamente sexuale imorale, care conduc la consecințe dăunătoare pentru noi și ceilalți.

5. **Să eviți substanțele perturbatoare**

   Nu ar trebui să ne complacem în folosirea intoxicanților, cum ar fi alcoolul sau alte droguri, știind că acestea întunecă mintea, dăunează corpului și conduc la autovătămare sau la rănirea altora.

Atunci când vorbim despre acțiuni virtuoase, acestea includ și lucruri pe care ar trebui să le facem pentru a avea grijă de noi înșine în cel mai bun mod posibil. În același mod în care ar trebui să evităm să le facem rău celorlalți, ar trebui să evităm să ne facem rău nouă înșine, neacordând atenție dietei noastre, mâncând în exces, având obiceiuri de somn nesănătoase sau neglijând exercițiile fizice. În Tibet, majoritatea oamenilor au o viață destul de dură, astfel încât tind să facă multă mișcare în timpul zilei și să respecte o dietă bună, obezitatea fiind aproape necunoscută. În același timp, în Occident ne naștem adesea într-un stil de viață sedentar, în care exercițiile fizice și alimentația sănătoasă sunt opționale, și adesea suntem prea ocupați pentru a ne face timp să ne preocupăm de acest aspect al vieții noastre.

Nu există nicio îndoială că exercițiile fizice sunt benefice pentru bunăstarea noastră fizică, iar acum știm că sunt cruciale și pentru bunăstarea mentală. Un studiu recent, de exemplu, a concluzionat că exercițiile fizice de trei ori pe săptămână sunt la fel de utile pentru unii pacienți cu depresie ca și administrarea unui antidepresiv[12]. Mai mult, cei care luau doar medicamentul erau mult mai predispuși să recidiveze în depresie decât cei care făceau exerciții fizice. În plus, alte studii au arătat că activitatea fizică regulată conduce la reducerea anxietății, un somn mai bun, îmbunătățirea funcționării cerebrale și la creșterea stimei de sine.

În calitate de budist, cred, de asemenea, că este o realitate faptul că acțiunile noastre zilnice, sau karma, contribuie la evenimentele care ni se vor întâmpla în această viață și în viața viitoare. Deși este posibil să nu împărtășești acest punct de vedere, consider că este important să menționez astfel de idei, deoarece cred că ele pot să fie benefice pentru toată lumea. Chiar dacă nu ești familiarizat cu ideea de karma, poate fi totuși util să înțelegi cum plăcerea sau frustrarea pe care o experimentăm depinde în mod fundamental de modul în care ne tratăm reciproc.

DEPĂȘIREA STĂRILOR MENTALE DĂUNĂTOARE

În timp ce trebuie să cultivăm și să adoptăm calități mentale virtuoase, este la fel de important să recunoaștem și să abandonăm stările mentale negative sau dăunătoare. Acestea sunt principalele obstacole în calea obținerii fericirii autentice și provin, în esență, din lipsa de înțelepciune. Ele includ:

- prețuire de sine scăzută
- frică sau anxietate excesivă
- lipsă de autocontrol
- apatie
- mulțumire de sine
- nemulțumire
- zgârcenie sau lăcomie
- mândrie și aroganță
- refuz de a crede sau de a accepta adevărul
- egoism
- intoleranță
- nerăbdare
- ură sau resentiment
- furie necontrolată

- ingratitudine
- cinism.

Pe termen lung, aceste stări mentale dăunătoare vor conduce întotdeauna la o creștere a suferinței și nemulțumirii pe care le experimentăm. Prin urmare, ar trebui să încercăm, cât de bine putem, să le identificăm și să le depășim. Deși dezrădăcinarea tendințelor noastre negative nu este o sarcină ușoară, este cu siguranță realizabilă dacă lucrăm cu pricepere pentru a le depăși.

Prin urmare, cum putem să facem acest lucru? În primul rând, dacă ne antrenăm cu sârguință să ne concentrăm asupra calităților pozitive, în special asupra recunoștinței și compasiunii, stările dăunătoare ale minții se vor diminua treptat. Acest lucru poate fi asemănat cu un tâmplar priceput care extrage scoate și înlocuiește un țăruș grosier folosindu-se de unul fin. În plus, putem să reflectăm profund asupra pericolelor sau dezavantajelor stărilor dăunătoare, amintindu-ne că acestea duc întotdeauna la suferință pentru noi înșine și pentru alții.

Deși antrenarea minții noastre în acest fel poate fi mai dificilă, de exemplu, decât pierderea în greutate, un astfel de angajament va fi mult mai benefic pe termen lung. Pe măsură ce mintea noastră devine mai pașnică și mai stabilă în timp, tendințele dăunătoare vor dispărea treptat, iar calitățile bune precum dragostea și curajul vor străluci.

Multora dintre noi le va fi dificil să depășească emoțiile puternice, deoarece acestea sunt atât de bine înrădăcinate în subconștientul nostru. Aceste emoții și impulsuri sunt precum o umbră care ne însoțește mereu, chiar dacă nu suntem conștienți de prezența ei. Sunt adesea legate de evenimente dificile din viața noastră pe care încercăm să le ecranăm, astfel încât declanșatori specifici vor fi asociați cu anumite amintiri dureroase sau convingeri greșite, precum *„nu sunt suficient de bun"*. Ele revin să ne bântuie sub forma unor reacții dăunătoare, cum ar fi furia necontrolată, rușinea sau anxietatea, precum o pasăre care se năpustește asupra noastră atunci când își vede prada. Deși aceste emoții și impulsuri negative sunt, într-o anumită măsură, o parte normală a condiției umane, vestea bună este că ele pot fi cu siguranță schimbate.

Deci, ce putem să facem cu aceste emoții mai dificil de îndepărtat? Cheia este să le luminăm cu strălucirea conștientizării pline de compasiune. În loc să încercăm să negăm, să evităm, sau să combatem experiența noastră interioară de gânduri, sentimente și amintiri neplăcute, ceea ce poate crea mult mai multă suferință pe termen lung, putem să învățăm mai întâi să le acceptăm ca fiind parte a condiției noastre umane. Atunci vom vedea că ele nu trebuie neapărat să interfereze cu capacitatea noastră de a trăi o viață semnificativă și plină de sens[13].

În plus, putem să învățăm să recunoaștem că sub emoțiile „negative" precum furia și rușinea se află adesea o claritate intensă, neînfricare și un sentiment profund de grijă pentru ceilalți. Prin exercițiu, putem învăța să evităm pe de o parte extremul furiei necontrolate, iar pe de altă parte sentimentul de rușine sau de durere interioară. Ambele reacții se bazează pe o percepție falsă a realității. Însă, dacă rămânem cu experiența brută sau sentimentul brut, înainte ca aceste reacții să preia controlul, putem să transformăm respectivele emoții într-o expresie a grijii profunde pentru ceilalți, asemenea unui medic priceput, capabil să transforme în medicament ceea ce în mod obișnuit ar fi otrăvitor. Ulterior, putem să alegem să acționăm în mod asertiv cu corpul și vorbirea, în timp ce mintea noastră rămâne complet liberă de furia necontrolată sau de percepțiile false, sau să nu ne implicăm, realizând că aceasta s-ar putea să fie cea mai bună cale de acțiune, fără agățarea de reacții precum rușinea și resentimentul, sau pur și simplu recunoscând modul în care aceste reacții erau declanșate în trecut.

Adesea, de mult timp, avem unele presupuneri despre noi înșine și despre lumea în care trăim, ceea ce conduce la formarea unor convingeri dăunătoare, care ne fac să experimentăm, din nou și din nou, reacții emoționale puternice[14]. Toate acestea pot fi întărite de o cultură care ne încurajează să reușim, să „mergem mai departe" și să ignorăm multe dintre lucrurile care ne pun la încercare. De exemplu, este posibil să avem o idee preconcepută despre cum ar trebui să decurgă lucrurile în viața noastră și că totul ar trebui să meargă așa cum ne-am dori, sau despre faptul că suntem o persoană bună doar dacă sunt îndeplinite anumite condiții. Am putea crede că fericirea va veni doar dacă ne străduim în continuare să fim cei mai buni, să obținem aprobarea celorlalți, sau să facem mulți bani. Poate avem ideea că atingerea fericirii este nerealistă deoarece situația noastră este atât de proastă, ceea ce ne face să fim descurajați sau deprimați. Pe de altă parte, s-ar putea să avem doar o înțelegere limitată a ceea ce este fericirea și să ne blocăm accesul la nivelurilor mai profunde ale fericirii. La cel mai extrem nivel, am putea chiar crede că este absolut imposibil să atingem fericirea!

Aceste presupuneri sunt obstacole în calea înțelepciunii și, din păcate, unele pot fi chiar întărite de oamenii din jurul nostru și de cultura în care trăim. Conștientizarea acestor presupuneri ne poate ajuta să ne schimbăm modul de gândire și să învățăm mai degrabă să acceptăm ceea ce se întâmplă, în loc să continuăm să ne împotrivim. De asemenea, poate conduce la o compasiune autentică pentru cei care trec prin lupte similare - învățăm să ne atingem „punctul sensibil" și să dobândim o acceptare umilă a condiției umane.

Pentru a contesta aceste presupuneri și a fi capabili să acceptăm cu adevărat cine suntem, este important să vorbim deschis cu persoane în care avem încredere. Acestea pot include un consilier, un grup de sprijin, un prieten apropiat sau o cunoștință cu un anumit grad de înțelepciune, mai ales dacă au trecut prin experiențe similare cu ale noastre. Ar trebui să ne amintim întotdeauna că o persoană mai puțin experimentată poate fi în măsură să ne ajute. Nu uita, de asemenea, să consulți un medic dacă te simțiți deprimat sau ești atât de copleșit de viața de zi cu zi încât nu poți să funcționezi normal.

În timp ce învățăm să acceptăm durerea și tendințele negative care sunt o parte inerentă a ființei umane, putem să ne ocupăm, de asemenea, de crearea unei vieți bogate și pline de sens pentru noi înșine - și acesta este obiectivul principal a ceea ce voi prezenta în continuare. Astfel, vom cultiva în mod natural stări mentale pozitive, cum ar fi altruismul, în timp ce vom slăbi treptat tendințele negative și, în cele din urmă, le vom transforma. În acest fel, treptat, ne putem antrena să ne controlăm emoțiile, acceptând în același timp existența lor și suferința care decurge din aceasta. Atunci când nu vom mai fi controlați de emoții și am învățat să învingem obiceiul de a ne pune pe primul loc, ne vom descoperi, în sfârșit, adevărata natură „altruistă", sursa din care provin în mod natural toate calitățile bune.

FERICIREA DE-A LUNGUL VEACURILOR

Cauzele fundamentale ale fericirii rămân aceleași pe tot parcursul vieții noastre, indiferent de vârstă. Toată lumea are potențialul de a-și cultiva mintea într-un mod care să permită semințelor fericirii să crească. Caracteristicile mentale de bază, sau directe, sunt la fel de importante la toate vârstele. Importanța caracteristicilor mentale indirecte tinde să crească sau să scadă în funcție de etapa de viață în care ne aflăm și de obiectivele pe care le urmărim.

Deoarece fiecare ființă umană are potențialul de a atinge fericirea indiferent de vârstă, voi prezenta diferitele etape ale vieții și voi oferi câteva sfaturi pentru fiecare dintre acestea. Poți să consulți secțiunea care se referă în mod specific la grupa ta de vârstă, sau poți să înveți câte ceva din toate secțiunile și, de ce nu, să preiei sfaturi utile despre fericire, de care poate nu ai auzit până acum. De asemenea, poți să încerci să identifici care dintre calitățile mentale virtuoase îți îți vin mai natural și să te concentrezi mai întâi pe aceste puncte forte. Vei descoperi apoi că multe dintre celelalte calități bune vor începe să apară și ele în mod natural.

Însă, înainte de a începe, trebuie să subliniez că fericirea necesită o pregătire continuă a minții, iar pentru unii oameni acest lucru poate necesita multă sârguință și determinare. La fel cum medicii au nevoie de mulți ani de pregătire înainte de a putea practica medicina, majoritatea dintre noi avem nevoie, de asemenea, de multă pregătire, atât în atitudinile cât și în acțiunile noastre, pentru a ajunge la nivelull în care să avem un sentiment consistent și permanent de fericire. Prin urmare, te îndemn să te gândești la această carte ca o bijuterie prețioasă și să continui să o consulți ori de câte ori te confrunți cu dificultăți, dar și atunci când ai momente bune. Amintește-ți, de asemenea, că această carte este una dintre multele resurse la care poți să apelezi și că este posibil să nu ofere, neapărat, cea mai potrivită îndrumare în situația ta. Prin urmare, este înțelept să citești și alte cărți, sau să ceri sfatul persoanelor sau organizațiilor despre care crezi că îți pot fi de ajutor.

Speranța mea este că vei putea să-ți amintești sfaturile care ți se aplică, indiferent unde sunt ele prezentate în această carte. Este important să nu te mulțumești doar cu o înțelegere intelectuală, ci mai degrabă să *aplici aceste învățături în viața de zi cu zi.* Dacă te vei gândi cu seriozitate la aceste sfaturi, am mare încredere că vei observa o diferență semnificativă în nivelul tău de fericire.

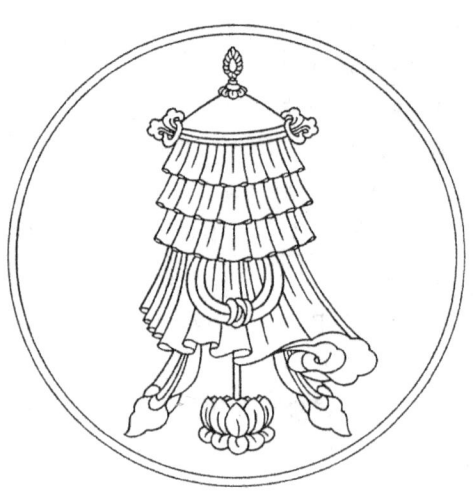

Plantarea semințelor fericirii

Acest capitol conține câteva povestiri scurte, concepute pentru a fi citite de către părinți cu voce tare copiilor lor, sau de către copii dacă aceștia sunt suficient de mari. În mod normal, într-o carte pentru copii găsim imagini, fotografii și alte modalități simple și clare de comunicare a unui mesaj. Deoarece această carte nu este doar pentru copii, în ea nu sunt imagini, iar unele dintre mesajele conținute în povestiri pot fi mai complexe decât cele găsite de regulă în cărțile pentru copii.

În general, copiii sunt în mod natural mai fericiți decât adulții din cauza lipsei de responsabilități și preocupări majore. Fericirea este aproape întotdeauna la îndemâna lor, iar ei se pot juca și pot fi fericiți fără ca cineva să îi învețe cum. Cu toate acestea, este foarte important să sădim semințele fericirii viitoare la o vârstă fragedă, astfel încât copiii să învețe să fie înțelepți și să găsească fericirea adevărată la vârsta adultă. Următoarele povestiri scurte se doresc a fi ca precum indicatoarele de pe marginea drumului care arată în direcția unei vieți fericite. Îmi doresc ca părinții să le citească și să le discute cu copiii lor, ajutându-i să planteze semințele calităților bune care îi vor ajuta cu siguranță pe copii pe parcursul întregii vieți[15].

POVESTEA MULȚUMIRII

Au fost odată doi copii, Jenny și John, care erau verișori. Deși aveau aceeași vârstă, mergeau la aceeași școală și au crescut cu aceleași persoane, ei gândeau și se comportau în moduri foarte diferite.

Jenny avea multe jucării scumpe. Era foarte posesivă și refuza să lase pe altcineva să se joace cu ele, sau chiar să le atingă. Chiar dacă avea o mulțime de jucării vechi care nu-i mai plăceau, sau cu care nu se mai juca, refuza să le dea altcuiva. Jenny nu era niciodată mulțumită și dorea mereu lucruri noi, deși avea deja atât de multe.

John, pe de altă parte, nu avea atât de multe jucării, dar era fericit cu cele pe care le avea. Era un băiat foarte sociabil și ușor de mulțumit, care se oferea întotdeauna să împartă jucăriile sale cu alți copii, în special cu cei mai puțin norocoși decât el. John nu avea nevoie de prea multe pentru a fi fericit. Când nu avea jucării cu care să se joace, se distra jucându-se cu pietre, crenguțe sau cu orice altceva putea găsi.

Pe măsură ce au crescut, cei doi verișori au păstrat aceleași obiceiuri. Jenny nu era niciodată mulțumită de ceea ce avea și dorea mereu ceva mai mult. Era nemulțumită de prietenul ei, chiar dacă acesta era foarte bun și o iubea foarte mult. Se gândea că ar putea găsi pe cineva mai chipeș și mai inteligent. Jenny avea, de asemenea, prieteni buni și multe bunuri, însă, indiferent de cât de multe avea, nu era niciodată mulțumită sau cu adevărat fericită. Pe măsură ce a înaintat în vârstă nu s-a schimbat, ajungând o femeie foarte nesigură, nefericită și singură.

John a rămas recunoscător și mulțumit, indiferent de ce avea sau nu avea. Era întotdeauna relaxat și grijuliu în relațiile sale cu ceilalți. A crescut și a devenit un om foarte fericit și foarte iubit, cu mulți prieteni minunați și o familie puternică, sănătoasă și iubitoare. Oriunde mergea, răspândea fericire. John a fost mulțumit de la o vârstă foarte fragedă. Cumva, el știa că fericirea nu consta în a avea multe bunuri, ci mai degrabă în a împărți ceea ce ai cu ceilalți.

Cu care dintre ei ai prefera să semeni și de ce? Discută cu cineva despre aceasta, poate cu mama ta sau cu tatăl tău. Cum ar răspunde ei la această întrebare?

POVESTEA PRIETENIEI[16]

A fost odată o coţofană care trăia printre ramurile unei sălcii de lângă un lac. În apele acestui lac, nu departe de salcie, trăia o broască ţestoasă. Mai era şi o căprioară care venea adesea să bea apă din lac. Toate trei erau prietene foarte bune.

Într-o zi, când căprioara a venit la marginea lacului să bea apă, a fost prinsă într-o capcană lăsată de un vânător. Piciorul i-a fost prins de frânghii foarte puternice. Auzindu-i strigătele, broasca ţestoasă şi coţofana au venit repede pentru a discuta cum să îşi ajute cel mai bine prietena.

Coţofana a spus: "Soră ţestoasă, cum fălcile tale sunt puternice şi rezistente, le poţi folosi pentru a roade şi tăia aceste frânghii. Între timp, eu voi găsi o modalitate de a-l împiedica pe vânător să se întoarcă la lac".

Prin urmare, broasca ţestoasă a început să roadă frânghiile, în timp ce coţofana a zburat spre coliba vânătorului.

În dimineaţa următoare, vânătorul a ieşit pe uşa colibei înarmat cu un cuţit ascuţit. Brusc, coţofana a apărut şi i-a atacat faţa cu toată puterea, iar şi iar. Ameţit de atac, vânătorul a fugit înapoi în colibă, dar în scurt timp s-a strecurat afară pe uşa din spate. Însă, coţofana era isteaţă şi se aştepta ca el să procedeze astfel. Imediat a zburat în picaj şi a reînceput să-l atace, lovindu-l puternic în faţă cu ghearele. Descurajat de acest al doilea atac, vânătorul a concluzionat că era o zi cu nefastă şi a decis să se odihnească, gândindu-se că ar fi mai bine să plece la vânătoare a doua zi.

Din nefericire pentru cele trei prietene, în dimineaţa următoare vânătorul s-a pregătit pentru un nou atac din partea coţofenei, protejându-şi faţa cu o pălărie. Neputându-l opri pe vânător, coţofana s-a întors repede în pădure pentru a-şi avertiza prietenele.

"Vânătorul este pe drum!", a strigat ea.

În tot acest timp, broasca țestoasă aproape că tăiase ultima frânghie, deși frânghia părea tare ca oțelul, iar fălcile țestoasei erau acum însângerate și dureroase. În momentul în care vânătorul a apărut, căprioara s-a zbătut cu putere și, cu o lovitură de picior, a rupt ultima frânghie înainte de a fugi în pădure.

Furios că prada i-a scăpat, vânătorul a luat broasca țestoasă, care era epuizată, și a pus-o în sacul său de piele, pe care l-a agățat de creanga unui copac din apropiere. A plecat apoi în căutarea căprioarei.

Ascunsă în spatele unor tufișuri, căprioara a văzut pericolul în care se afla țestoasa. "Prietenele mele și-au riscat viața pentru mine", s-a gândit ea, "așa că acum trebuie să fac și eu la fel pentru ele". Și astfel, prefăcându-se foarte obosită, i-a ieșit în față vânătorului.

Crezând că va fi o pradă ușoară, vânătorul a început să urmărească căprioara. După ce au pătruns adânc în pădure, căprioara a luat-o brusc la goană, alergând până când a dispărut din raza vizuală a vânătorului, apoi și-a acoperit urmele copitelor și s-a întors la lac. Aici, folosindu-și coarnele, a ridicat sacul vânătorului de pe creangă și l-a scuturat, eliberând broasca țestoasă. Aceasta s-a târât în apă și s-a ascuns, în timp ce căprioara a fugit înapoi în pădure.

Ajuns înapoi la lac, vânătorul și-a găsit sacul pe jos, gol. Frustrat și dezamăgit, și-a luat cuțitul și s-a întors la coliba sa. Era atât de descurajat, încât s-a gândit că ar putea la fel de bine să renunțe la vânătoare pentru a lucra în schimb la ferma vecinului său!

Broasca țestoasă și coțofana au salvat viața căprioarei, iar căprioara, la rândul ei, a salvat cu siguranță viața țestoasei. Mai mult decât atât, martor al prieteniei lor și a modului în care au lucrat împreună pentru a se ajuta reciproc, vânătorul a luat decizia de a renunța la vânătoare. Văzând cât de mult țineau una la cealaltă, și-a dat seama că ar fi greșit să le ucidă, la fel de greșit cum ar fi să-și rănească proprii prieteni.

Imaginează-ţi că ai fi ţestoasa din această poveste. Gândeşte-te la prietenii pe care ţi i-ai făcut în această viaţă. Cine ar fi coţofana? Cine ar fi căprioara?

Ce înseamnă pentru tine a fi prieten? Cum poţi arăta unei alte persoane că eşti prietenul sau prietena ei?

POVESTEA ACCEPTĂRII DE SINE

A fost odată un băieţel pe nume Alex. Când era mic, a fost prins într-o casă care, printr-o întâmplare, a luat foc. A fost salvat la timp de către doi pompieri curajoşi, dar a trebuit să meargă la spital unde a fost operat de mai multe ori din cauza arsurilor grave. Acum avea o cicatrice urâtă pe partea stângă a gâtului şi pe lungimea braţului stâng.

Alex era foarte timid la şcoală pentru că îi era ruşine de felul în care arăta. Uniforma şcolară nu îi ascundea complet cicatricile şi era adesea tachinat pentru că arăta diferit de ceilalţi copii. Ceilalţi copii nu s-au gândit niciodată la ce ar simţi Alex în legătură cu aceasta.

„Alex, omul reptilă", îl batjocoreau cu răutate. Îşi dorea să fie mai mare şi mai puternic pentru a avea curajul să riposteze atunci când era tachinat. În schimb, se îndepărta liniştit şi găsea un loc unde să fie singur, departe de remarcile crude ale celorlalţi copii.

Într-o zi, grădinarul şcolii, observând că Alex era tachinat, s-a apropiat de el.

„Văd că viaţa ta nu este uşoară", a spus grădinarul, cu o voce plină de căldură şi simpatie. „Poate te-ar ajuta dacă ţi-aş spune o mică poveste."

Alex a acceptat, înclinându-şi capul.

„A fost odată o casă", a început bătrânul, „care din exterior arăta ca un loc vechi, îngrozitor de urât. Acoperişul era plin de rugină, iar vopseaua se desprindea de pe faţadă. Chiar şi ţevile erau ruginite şi apăreau scurgeri de fiecare dată când ploua cu putere. Interiorul era foarte mic, iar bucătăria era înghesuită. Nu avea nici măcar un televizor.

Cu toate acestea, exista un șemineu frumos și călduros, care lumina cu un foc mare, plăcut, și o canapea foarte confortabilă, pe care vizitatorii dormeau peste noapte. Vecini și mulți prieteni veneau adesea în vizită. Rămâneau până târziu, strânși în jurul șemineului, împărtășind povești și petrecând momente minunate."

„Și astfel", a încheiat bătrânul, „chiar dacă din exterior casa nu arăta prea bine, în interior era un loc foarte iubit. Și aceasta este ceea ce conta cu adevărat".

Alex a înțeles. Nu mai avea importanță că avea o cicatrice urâtă și că era tachinat la școală, pentru că ceea ce conta cu adevărat era ce fel de persoană era el în interior. Curând, copiii care îl tachinau s-au oprit, pentru că au văzut că Alex nu se mai supăra. Alți copii au început apoi să se joace cu el și, în cele din urmă, l-au acceptat ca pe un prieten bun.

Alex învățase să se accepte așa cum era și, prin aceasta, a reușit să-și găsească încrederea interioară. Ceilalți au văzut acest lucru și îl respectau pentru aceasta.

Te-ai simțit vreodată precum Alex?

Ești capabil să te accepți și să te iubești așa cum ești?

Discută această poveste cu părinții tăi - cum ar trebui să te comporți dacă ceilalți copii încep să te tachineze?

POVESTEA CONȘTIENTIZĂRII

A fost odată un grup de copii care stăteau împreună într-un luminiș din pădure, adunați pentru a asculta un învățător înțelept cunoscut sub numele de Buddha, care le vizita satul.

Buddha a luat un trandafir roșu frumos și l-a arătat copiilor. Nu a spus nimic și toată lumea a rămas tăcută. A ținut floarea într-un gest foarte blând și nobil, degetul mare și arătătorul ținând tulpina în așa fel încât să urmeze forma mâinii sale. A ţinut astfel trandafirul mult timp, fără să spună nimic. Toată lumea se întreba ce voia să spună învăţătorul prin acest gest.

În cele din urmă, Buddha s-a uitat la copii şi a zâmbit. „Copii", a spus el, „acest trandafir este un lucru minunat şi frumos. La fel ca şi mine, aveţi şansa de a-l experimenta, de a vă conecta cu o realitate minunată, de a intra în contact cu viaţa însăşi".

„Poate vă întrebaţi: «De ce ţine în mână acest trandafir? Care este semnificaţia acestui lucru?». Însă, dacă mintea ta este ocupată de astfel de gânduri, nu poţi să experimentezi cu adevărat floarea. Similar, a fi pierdut în gânduri este unul dintre lucrurile care ne împiedică să luăm un contact adevărat cu viaţa. Dacă sunteţi cuprinşi de frustrare, anxietate, îngrijorare sau gelozie, veţi pierde şansa de a intra în contact real cu toate minunile vieţii."

„Există oameni care pot trece printr-o pădure fără să vadă vreodată cu adevărat un copac. În acelaşi fel, deşi viaţa este plină de suferinţă, ea conţine şi multe minuni, pe care mulţi oameni nu le văd".

„Deci, fiţi atenţi, astfel încât să puteţi să vedeţi atât suferinţa, cât şi minunile din viaţă. Atunci veţi fi în contact cu viaţa şi o puteţi experimenta în profunzime. Veţi înţelege viaţa, iar această înţelegere va duce la iubirea pentru întregul din care facem parte."

Copiii au fost profund impresionaţi de cuvintele învăţătorului şi fiecare dintre ei a jurat să trăiască o viaţă a atenţiei conştiente. Au promis să aprecieze minunile vieţii întâlnite în fiecare zi, precum frumosul trandafir.

Când a fost ultima dată când ai observat o floare frumoasă sau orice altceva care ţi-a amintit de minunile vieţii?

Încearcă să observi când ești pierdut în gânduri, precum cele de îngrijorare sau frustrare. Străduiește-te să stabilești un contact real cu viața și observă cum acest lucru îți poate schimba felul în care te simți.

POVESTEA APRECIERII

Între India, Nepal și China, pe platourile munților înzăpeziți, se află o țară cunoscută sub numele de Tibet. În partea central-estică a acestei țări este un mic sat numit Valea Fericită. Oamenii nu au electricitate, mașini sau autobuze, nu au telefoane, televizoare sau jucării. Nu au nici măcar case, trăiesc în corturi confecționate din păr de iac.

În acest sat locuiește o familie de patru persoane. Numele tatălui este Yeshe, iar numele mamei Tara. Ei au doi copii, un băiat de șase ani pe nume Yori și o fată de patru ani pe nume Chimeyi.

În fiecare dimineață, Yori se trezește la ora șase, ia micul dejun și își petrece restul zilei păscând două sute de iaci în munți. Yacii merg peste tot, așa că el aleargă mereu după ei, încercând să îi țină împreună. Aproape că nu are timp să se odihnească. Yori mai mănâncă de abia atunci când se întoarce acasă pentru cină. Este foarte recunoscător pentru cina sa din fiecare seară și mamei sale, care a gătit-o.

Sora lui, Chimey, se trezește la ora șapte, ia micul dejun și apoi trebuie să meargă un drum foarte lung până la râu pentru a aduce apă, deoarece râul este cea mai apropiată sursă de apă care nu îngheață. Fiind mică, Chimey nu poate căra decât o cantitate mică de apă, astfel încât toată ziua trebuie să meargă înainte și înapoi de la cortul lor la râu, până când au suficientă apă. Pământul este foarte alunecos fiind acoperit cu zăpadă, iar lui Yori și lui Chimey le este foarte frig, temperatura ajungând uneori la minus treizeci de grade.

Cu toate acestea, Yori și Chimey apreciază mâncarea pe care o au și dragostea familiei lor și, din acest motiv, sunt foarte fericiți. Ei cresc fiind foarte mulțumiți și având grijă unul de celălalt, de familia și de prietenii lor. Deși sunt săraci, duc o viață fericită și sănătoasă, pentru că au învățat să muncească pentru toți și nu doar pentru ei.

Mai există o altă familie care locuiește departe de Tibet, în Melbourne, lângă mare, într-o zonă cu oameni bogați. Sunt doi copii în această familie, un băiat pe nume Peter, care are trei ani, și o fată pe nume Carly, care are cinci ani. Fiecare copil are propriul dormitor, cu televizor, calculator, multe cărți și jucării. Primesc multe cadouri minunate de Crăciun și de ziua lor de naștere și, în fiecare an, familia merge în vacanță în locuri îndepărtate, în țări precum Anglia, Italia și Grecia.

Pe măsură ce copiii cresc, nu mai merg la plajă la fel de des ca înainte. În schimb, stau în camerele lor și se uită la filme sau discută pe internet. Peter i-a invitat pe copiilor vecinilor să se joace cu el în grădină, dar aceștia i-au răspuns să îi lase în pace. Peter a învățat repede cum să se distreze, jucând singur jocuri pe calculator. Tatăl lor devine din ce în ce mai ocupat la serviciu și nu ajunge acasă decât foarte târziu, în timp ce mama este adesea plecată la evenimente.

Cu timpul, membrii familiei s-au înstrăinat și nu au mai petrecut prea mult timp împreună. Fiecare are propriul mod de a se distra și nu are nevoie de compania celorlalți. Peter este foarte tăcut și nu vorbește prea mult, pentru că s-a obișnuit să-și petreacă timpul singur, jucându-se pe calculator. Carly își petrece cea mai mare parte a timpului vorbind la telefon cu băieți, ieșind noaptea târziu, plimbându-se pe străzi cu prietenii ei și uneori îmbătându-se. Pentru că este foarte ocupată să participe în diferite comitete, mama nu observă ce se întâmplă cu familia ei, asigurându-se doar că au din plin haine noi și bani pentru ieșiri în oraș.

La suprafață, această familie părea să aibă totul - toate lucrurile materiale menite să ne facă fericiți. Cu toate acestea, membrii ei au devenit cu timpul distanți, singuri și izolați. Au pierdut din vedere multele binecuvântări pe care le aveau și nu au realizat importanța de a avea grijă unul de celălalt, ceea ce i-a făcut incapabili să experimenteze adevărata fericire.

Cum crezi că ar fi putut să acționeze membrii familiei din Melbourne dacă ar fi fost mai conștienți de binecuvântările din viața lor?

Cum poți să devii mai conștient de binecuvântările din viața ta?

Cum ai putea să-ți amintești să fi recunoscător pentru ceea ce ai și să-l valorifici la maxim?

La sfârșitul fiecărei zile încearcă să scrii într-un jurnal toate lucrurile pentru care ești recunoscător. Poți să-i rogi pe mama și pe tatăl tău să te ajute în acest demers.

POVESTEA COMPASIUNII

A fost odată o familie formată din patru persoane, mamă, tată, fiu și fiică. Băiatul se numea Adam, iar fata Anne. Din nefericire, tatăl era alcoolic, iar mama dependentă de droguri. Din cauza adicțiilor, părinților erau foarte săraci și, de multe ori, nu își puteau permite nici măcar lucrurile de bază pentru a trăi, cum ar fi mâncarea și hainele.

Deoarece nu aveau mașină și nici bani pentru alte mijloace de transport, copiii mergeau la singura școală din apropiere, unde puteau ajunge pe jos. Școala nu era una foarte bună. Profesorii nu erau foarte atenți, clădirile erau dărăpănate, iar clasele erau supraaglomerate. Copiilor le era greu să învețe.

Uneori, familia nu avea nimic de mâncare - cămara era complet goală. În aceste ocazii, Adam și Anne mergeau împreună la biserica locală pentru a face rost de mâncare. Au devenit astfel buni prieteni cu preotul bisericii, care era foarte bun și plin de compasiune. De fiecare dată când erau împreună, el îi învăța despre bunătate și compasiune, iar copiii puneau în practică sfaturile sale în viața de zi cu zi.

„Practicarea compasiunii vă dă mai multă forță interioară și calm", le spunea el. „Veți putea să-i ajutați pe alții, dar chiar dacă nu reușiți, nu contează, pentru că voi veți fi adevărații câștigători. Acționând cu compasiune, valorificați 100% timpul".

După s-au gândit mai mult, Adam și Anne și-au dat seama că acest lucru trebuie să fie adevărat. Ei au încercat să practice compasiunea oriunde mergeau și față de oricine era în preajma lor, chiar și față de oamenii pe care nu-i plăceau. Întotdeauna îi puneau pe ceilalți înaintea lor. Încercau să-și imagineze cum s-ar fi simțit ei dacă ar fi fost în locul altor oameni. În fiecare zi puneau acest lucru în practică și, în curând, au descoperit că uitaseră de propriile probleme pentru că se gândeau mereu la ceilalți. În consecință, și-au dezvoltat o mai mare forță interioară și nu au mai fost niciodată nefericiți din cauza situației lor.

Această practică a compasiunii a început acasă. Părinții lor se certau deseori, iar mama lor era aproape mereu deprimată. Adam și Anne încercau să-i spună că lucrurile se vor îmbunătăți și că nu este o mamă groaznică. Deși tatăl lor se supăra uneori pe ei, se străduiau să nu-i poarte pică din acest motiv. Tatăl era foarte stresat, avea multe griji și, deși acțiunile lui erau rele, copii știau că el era o persoană bună care, în adâncul sufletului, își dorea pur și simplu ca el și familia lui să fie fericiți.

Adam și Anne au devenit foarte cunoscuți și respectați în comunitatea lor. Cu ajutorul lor, părinții au reușit să își depășească dependențele. Ei au continuat apoi să-i ajute pe prietenii părinților lor, care aveau probleme similare. Vizitau adesea bătrânii și bolnavii și erau întotdeauna amabili cu vecinii lor. Într-o zi, un reporter TV a auzit despre Adam și Anne și a decis să difuzeze un reportaj despre "copiii compasiunii".

În urma expunerii televizate, comunitatea a strâns o mulțime de bani pentru a-i ajuta pe Adam și Anne să primească o educație bună. Ei au mers la o școală bună și apoi la universitate, ambii obținând note foarte bune. După ce și-au terminat studiile, s-au întors în comunitatea lor și au devenit profesori extraordinari. I-au învățat pe alții tot ceea ce învățaseră ei: că putem să schimbăm orice în bine atâta timp cât practicăm compasiunea. Putem schimba modul în care ne înțelegem cu părinții noștri, cu prietenii noștri, cu cei care ne sunt complet străini și putem schimba lumea chiar și într-o mică măsură.

Ți-ar plăcea să trăiești o viață plină de compasiune precum Adam și Anne?

Ce ai pierde dacă te-ai gândi mereu la alții înainte să te gândești la tine? Ce ai câștiga?

Cum ai putea să începi de astăzi să acționezi cu compasiune în viața ta?

O POVESTE SPECIALĂ PENTRU COPIII MAI MARI - POVESTEA LIBERTĂȚII INTERIOARE

În orașul T'ien-chu erau doi băieți chinezi care învățau la aceeași școală și erau prieteni buni. Pe unul îl chema Fuzu, iar pe celălalt Jujan. Tații celor doi copii fuseseră uciși de soldații guvernului chinez. Ambii băieți erau copleșiți de tristețea apăsătoare din inimile lor.

Ei i-au întrebat pe mulți adulți de ce au fost uciși tații lor. Aceștia le-au răspuns: „Din păcate, în această țară nu avem drepturi ale omului și nici libertate reală".

De multe ori, ei îi întrebau: „Cum putem obține libertatea?" Unii spuneau că nu vor putea obține niciodată libertatea, convinși că oamenii vor fi mereu sub controlul guvernului și că pur și simplu trebuie să accepte acest lucru. Alții le spuneau că dacă vor învăța legile, atunci poate vor găsi unele libertăți.

Aşa că ambii băieţi au decis să studieze dreptul după ce au absolvit liceul, deoarece doreau să găsească un răspuns la întrebarea lor. Cu toate acestea, curând au realizat că deşi în teorie legea era dreaptă şi echitabilă, ceea ce era scris nu era întotdeauna pus în practică. Din păcate, mulţi oficiali guvernamentali şi poliţişti erau corupţi. Dacă cineva raporta o infracţiune, de multe ori nu i se dădea curs, pentru că altcineva plătea mită pentru a opri ancheta. Cei doi băieţi şi-au dat seama că înţelegerea legii nu ajută prea mult - ajuta mai mult să ai bani. Prin urmare, au încetat să mai studieze dreptul, deoarece au considerat că este inutil.

Într-o zi, cei doi băieţi au aranjat o întâlnire cu un politician pensionat, care cunoştea foarte bine dreptul internaţional şi politica. Ei i-au pus aceeaşi întrebare: „Cum putem să obţinem libertatea?".

Politicianul a răspuns: „Dacă vrei libertate individuală, trebuie să emigrezi într-o ţară democratică precum Elveţia sau Statele Unite. Însă dacă vrei libertate interioară, trebuie să întrebi un călugăr foarte experimentat şi înţelept; el îţi va răspunde".

Fuzu nu înţelegea ce dorea să spună politicianul prin „libertate interioară", deşi ştia foarte bine ce înseamnă libertatea individuală. El i-a spus lui Jujan: „Vreau să mă mut la Shanghai şi apoi o să încerc să ajung în America. Vrei să vii cu mine?".

Jujan i-a răspuns: „Înainte de a căuta libertatea individuală într-o ţară occidentală, poate ar trebui să descoperim mai întâi ce este libertatea interioară".

Fuzu nu a fost de acord, aşa că a plecat singur la Shanghai şi apoi a obţinut o viză turistică pentru America. Odată ajuns în America, a reuşit să obţină viza de refugiat.

La început, Fuzu a crezut că noua sa viaţă în America era fantastică. Era foarte mulţumit de sistemul politic şi de numeroasele oportunităţi care i se ofereau pentru a trăi viaţa pe care şi-o dorea. Şi-a găsit o slujbă bună și s-a căsătorit cu o americancă, cu care a avut patru copii. Își dorea mulți copii, deoarece în China aveai dreptul doar la un singur copil.

Cu toate acestea, în ciuda libertăților lor individuale, Fuzu și soția sa nu erau mulțumiți cu ceea ce aveau. Această nemulțumire a provocat în cele din urmă destrămarea căsniciei, care s-a încheiat cu un divorț. După aceea, Fuzu s-a recăsătorit de două ori, dar lucrurile în loc să se îmbunătățească s-au înrăutățit. A avut mai mulți copii cu femeile cu care s-a căsătorit, dar rareori a putut să petreacă timp cu ei, pentru că și ei erau ocupați cu propriile lor vieți. Viața lui s-a dovedit a fi foarte stresantă și singuratică. În cele din urmă, a apelat la alcool și droguri pentru a face față situației în care se afla. Din acest motiv, atât sănătatea sa mentală cât și cea fizică s-au înrăutățit din ce în ce mai mult.

Între timp, Jujan a găsit un călugăr chinez pe care l-a întrebat cum ar putea să obțină libertatea interioară.

Călugărul i-a răspuns: „Nu-ți pot da un răspuns imediat, dar dacă devii călugăr, poate vei afla singur ce înseamnă libertatea interioară. Există o mănăstire tibetană numită Zamthang în provincia Shechuan, la care poate ți-ar plăcea să mergi. Am vizitat această mănăstire acum câțiva ani și am fost foarte impresionat. Singura problemă, însă, este că ei nu vorbesc chineză, ci doar tibetană."

Jujan i-a mulțumit călugărului pentru sfat. S-a simțit atât de inspirat când a auzit numele acelei mănăstiri încât a pornit imediat la drum, călătorind până acolo cu autobuzul și apoi cu un camion. După ce a ajuns și l-a întâlnit pe stareț, Lama Lobsang, a fost incredibil de mișcat. Când s-a uitat în ochii lui lama, și-a dat seama că acesta cunoștea secretul unei libertăți interioare mai profunde decât își imaginase vreodată. Curând, Jujan i-a spus lui lama că dorește să își dedice viața dobândirii libertății interioare.

Lama i-a răspuns: „Eşti sigur? Nu există nicio garanţie şi nu se ştie cât timp va dura, dar dacă aceasta este dorinţa ta, trebuie să studiezi limba tibetană şi practica budistă“.

Jujan era hotărât. A fost hirotonit călugăr budist şi a studiat cu sârguinţă limba tibetană şi budismul cu ajutorul unui traducător. După trei ani de studiu, a reuşit să citească şi să comunice fluent în tibetană. A dedicat apoi opt ani studiului, practicii şi meditaţiei budiste, devenind un călugăr exemplar.

Într-o zi, autorităţile chineze au vizitat mănăstirea lui Jujan şi, la fel cum au procedat şi în toate celelalte mănăstiri tibetane, au ordonat călugărilor să semneze un formular. Formularul era scris în chineză, astfel încât călugării nu aveau nicio idee despre ceea ce urmau să semneze. Li s-a spus doar că era un acord împotriva „duşmanilor ţării noastre“.

Jujan a citit formularul şi a fost foarte supărat când a descoperit adevărata intenţie a chinezilor şi semnificaţia ascunsă în formular. Era de fapt o declaraţie împotriva lui Dalai Lama, liderul spiritual budist. Jujan a refuzat să semneze formularul şi le-a spus celorlalţi călugări să refuze şi ei. Apoi s-a luat la bătaie cu unul dintre oficialii chinezi. Aceştia au încercat să-l aresteze, dar Jujan s-a opus curajos, iar unii dintre călugări au încercat chiar să îl ajute. După ce s-a luptat astfel timp de câteva minute, a reuşit să se desprindă şi să fugă, crezând că aceasta era cea mai bună opţiune. Ştiind că după acest incident nu mai era în siguranţă dacă rămânea în mănăstire, a decis să îşi strângă lucrurile şi să se alăture unui mic grup de tibetani care urmau să treacă munţii Himalaya, sperând să scape în India.

Evadaţii au trebuit să urmeze un traseu lung pentru a evita soldaţii chinezi, iar călătoria a durat până la urmă o lună şi jumătate. Mulţi s-au rănit pe drum, deoarece terenul era foarte accidentat şi alunecos, acoperit cu gheaţă, zăpadă şi uneori cu tufişuri dese şi spinoase. În timpul drumeției, Jujan s-a îndrăgostit de Pema, o fată tibetană din grup. Deoarece aceasta fusese la o școală chineză, putea să vorbească fluent chineza. Au început să vorbească între ei și curând au descoperit că au multe lucruri în comun.

După multe aventuri, au ajuns la centrul de primire a refugiaților tibetani din Nepal, iar mai târziu au călătorit spre India. Când au ajuns în cele din urmă, au trebuit să se înscrie la o școală internat pentru adulți, unde peste o mie de refugiați tibetani erau hrăniți, adăpostiți și educați gratuit. Doar un număr mic de elevi erau femei, deoarece, în general, le era mai ușor bărbaților să călătorească pe distanțe lungi și, prin urmare, femeile erau puține.

Într-o zi, un bărbat cu rang înalt și mulți bani s-a îndrăgostit de prietena lui Jujan, iar cuplul s-a despărțit. Inima lui Jujan era complet frântă. Nu mai putea deloc să învețe sau să doarmă. A părăsit școala, dar nu avea unde să locuiască și nici mâncare, așa că s-a dus la o mănăstire și a cerșit, dormind în pădure timp de câteva săptămâni. Curând a decis că așa nu mai putea continua să trăiască.

S-a gândit în sinea lui: „Am trecut prin atâtea suferințe și necazuri. Chiar nu-mi pasă atât de mult de bani, iubite sau ce cred ceilalți despre mine. Acum văd adevărul, că toate aceste lucruri nu sunt adevărata sursă de fericire, vreau doar să trăiesc o viață simplă și să mă întorc la scopul meu inițial. Ceea ce îmi doresc cel mai mult este să găsesc libertatea interioară".

S-a dus la biroul lui Dalai Lama, iar cei de acolo au fost de acord să îi asigure bani pentru mâncare și alte nevoi de bază, dacă va practica cu sinceritate. I-au oferit să locuiască într-unul dintre adăposturile de retragere aflate în pădurile din munții. Jujan a rămas acolo timp de cincisprezece ani, concentrându-și complet mintea și descoperind starea naturală și liniștită a minții eliberată de controlul gândurilor și al emoțiilor.

Majoritatea oamenilor au emoţii necontrolate, astfel încât, de exemplu, dacă cineva are ghinionul să i se fure ceva, se îmbolnăveşte, sau trebuie să încheie o relaţie apropiată, va fi în mod normal foarte trist sau deprimat. Controlaţi de emoţiile lor, oamenii vor reacţiona astfel, însă Jujan a depăşit controlul pe care emoţiile îl aveau asupra sa. Şi-a revenit complet din durerea sufletească şi nu a mai fost sclavul schimbărilor emoţionale. Putea să trăiască doar cu foarte puţină hrană, să fie complet fericit de unul singur şi chiar să-şi vindece singur toate bolile, fără ajutorul unui medic. Când a auzit că familia sa a murit nu a fost supărat. Şi-a dat seama că moartea este o parte inevitabilă a vieţii şi a acceptat-o cu compasiune şi umilinţă. Povestea lui Jujan s-a răspândit în toată India şi a devenit destul de faimos. El nu a permis vizitatori, dar mulţi reporteri şi turişti i-au făcut fotografii de la distanţă.

Într-o zi, a primit o scrisoare de la un mare templu chinezesc din America, în care i se cerea să vină să binecuvânteze templul şi să acorde învăţături. A acceptat invitaţia pentru că a avut premoniţia că îl va întâlni pe vechiul său prieten Fuzu şi era mulţumit că va putea să vorbească despre experienţele sale pentru prima dată în limba sa maternă.

Când a ajuns în America şi a intrat în templu, a efectuat câteva ceremonii pentru a binecuvânta zona şi a dat unele învăţături. Mulţi oameni au venit să îl asculte. La acea vreme, Fuzu avea o mare suferinţă psihică, aşa că a căutat alinare spirituală. Din acest motiv, el a venit la templu. Nu avea nici cea mai mică idee că vechiul său prieten Jujan va fi acolo şi a fost uimit când l-a văzut. Jujan l-a lăsat pe Fuzu să rămână cu el peste noapte în templu. Toată noaptea au vorbit despre cum Fuzu şi-a găsit libertatea individuală, în timp ce Jujan şi-a descoperit libertatea interioară.

De ce ai nevoie pentru a obţine libertatea individuală? Ce-ţi trebuie pentru a ţi găsi libertatea interioară?

Care crezi că este cea mai valoroasă formă de libertate?

Cum putem să învățăm să fim stăpâni pe fericirea noastră?

Cum ai putea să găsești libertatea interioară în viața ta, fără să mergi la o mănăstire sau fără să-ți părăsești situația actuală?

~

Recitește toate aceste povești de mai multe ori, pentru a înțelege mai multe despre semnificațiile lor ascunse. Află despre atributele fericirii acum și încearcă din răsputeri să le pui în practică tot timpul, astfel încât să poți duce o viață cu adevărat fericită.

Pornirea în direcția corectă

Sunt foarte convins că este esențial să transmitem mesaje importante adolescenților, pentru că aceasta este o perioadă crucială în viața lor și există o singură șansă să fie trăită așa cum trebuie. Dacă ratăm această ocazie, nu vom mai avea niciodată o altă șansă. Prin urmare, dacă ai un adolescent, fiu sau fiică, sper că vei putea să-l încurajezi să citească acest capitol. Dacă și tu te afli în această grupă de vârstă, te îndemn să reflectezi cu atenție asupra acestui capitol.

Când suntem adolescenți, suntem tineri, inteligenți și energici, astfel încât putem să luăm decizii care ne vor conduce la experiențe de viață extraordinare, la dezvoltarea unei înțelepciuni deosebite și la un impact mare asupra lumii. Pe de altă parte, pentru că suntem lipsiți de experiență, putem fi lipsiți de înțelepciune, iar acest lucru înseamnă că este posibil să luăm decizii care să ne afecteze, sau să ne reducă potențialul și să provoace o mare suferință nouă sau celor din jurul nostru.

Se crede în mod obișnuit că adolescenții nu ascultă niciodată sfaturile date de persoanele mai în vârstă, pentru că sunt prea distrași, prea mândri, sau nu au nicio apreciere pentru opiniile generațiilor mai în vârstă. Nu cred că acest lucru este neapărat adevărat, însă am observat că, uneori, tinerii se simt mândri de ceea ce au învățat și experimentat până acum în viața lor relativ scurtă și, prin urmare, sunt reticenți în a accepta că mai au încă multe de învățat. Acesta poate fi un semn că le lipsește înțelepciunea, deoarece cu cât suntem mai înțelepți, cu atât mai mult ar trebui să vrem să învățăm de la alții.

Îmi doresc foarte mult să citeşti acest capitol şi să analizezi ceea ce are de spus. La urma urmei, indiferent dacă eşti adolescent sau nu, nu există nicio îndoială că, la fel ca toată lumea, cauți să obții fericirea în viața ta şi să eviți suferința.

CUM SĂ DEZVOLȚI CONCENTRAREA

După cum am menționat mai devreme, cauzele fundamentale ale fericirii rămân aceleaşi, indiferent dacă avem un an sau o sută de ani, dar în adolescență avem de înfruntat provocări speciale şi de luat decizii speciale. Prin urmare, trebuie să punem accentul pe unele calități specifice.

Mulți oameni au mari regrete atunci când, ajunşi la vârsta adultă, se uită înapoi la anii adolescenței. Ei se gândesc la tot timpul şi energia pe care le-au irosit şi tânjesc să redevină adolescenți pentru a trăi altfel, însă nu este posibil să dăm timpul înapoi. Prin urmare, este extrem de important să fim conştienți de oportunitățile speciale pe care ni le oferă adolescența şi să le folosim cu înțelepciune.

Uneori pare ciudat că adolescenții care datorită tinereții lor au în mod natural atât de multă energie şi inteligență, tind să le irosească mult mai mult decât persoanele mai în vârstă. Ce îi face pe adolescenți să se comporte astfel? Cred că aceasta se datorează faptului că la această vârstă ne lipseşte adesea o concentrare interioară şi, prin urmare, suntem uşor distraşi de tot ceea ce se întâmplă în jurul nostru. Devenim absorbiți de produsele culturii populare, cum sunt filmele şi internetul. Corpul nostru trece printr-o transformare radicală, iar acest lucru nou numit „iubire romantică" pare să ne consume mult din timpul şi energia noastră.

Este firesc să vrem să fim plăcuți de grupul celor de-o seamă cu noi şi să experimentăm multe lucruri pentru prima dată, dar suntem la început de drum în viață şi, prin urmare, putem să fim imaturi emoțional. Relațiile pe termen scurt pot fi o caracteristică a acestei perioade, deoarece ne plictisim foarte uşor sau avem aşteptări nerealiste. Plictiseala este frecventă, deoarece suntem atât de dependenți de stimuli externi, încât, dacă nu primim suficientă stimulare, este posibil să ne pierdem interesul, nevoia noastră de lucruri externe care să ne mulțumească fiind mai puternică decât dorința de a învăța.

Este ciudat că suntem atât de absorbiți de preocupările externe, când viziunea noastră asupra lumii și sfera cunoștințelor noastre sunt atât de limitate! Aceasta nu înseamnă că suntem proști. Înseamnă că, din cauza lipsei noastre relative de experiență de viață, ne este greu să știm pe ce este important să ne concentrăm și pe ce nu. Până când nu ne vom dezvolta o viziune suficient de matură, ne vom împrăștia energia pe tot ceea ce se întâmplă să apară în fața noastră. În plus, mintea noastră poate fi atât de copleșită de emoții, încât adesea nu ne pasă de consecințele acțiunilor noastre, deoarece nu ne dăm seama cu adevărat care sunt acestea. Prin urmare, cel mai important lucru pentru tine, ca adolescent, este să te gândești cu atenție la motivația din spatele acțiunilor tale, precum și la consecințele acestora.

Exercițiu: Iată un exercițiu simplu menit să te ajute să-ți faci planuri pentru viitor și să-ți îmbunătățiți concentrarea. În fiecare zi, poate dimineața devreme sau înainte de culcare, petrece cinci minute gândindu-te la ceea ce ai făcut în acea zi. Petrece acest timp reflectând la deciziile pe care le-ai luat și la acțiunile pe care le-ai întreprins. De exemplu, te-a supărat sau te-a înfuriat ceva? Cum te-ai descurcat cu emoțiile pe care le-ai simțit? Cum ți-au influențat acestea acțiunile și deciziile? Gândește-te cu atenție la consecințele probabile pe termen scurt și pe termen lung ale acțiunilor. Gândește-te la toate deciziile și acțiunile tale, indiferent cât de nesemnificative sau importante par. Acest lucru te va ajuta să te concentrezi mental pe termen lung și să-ți îmbunătățești capacitatea de a-ți planifica viitorul.

CE VREAU SĂ FAC CU VIAȚA MEA?

Ca adolescenți, suntem precum un boboc care începe să înflorească primăvara. Avem în fața noastră frumusețea și prospețimea tinereții și posibilitatea unei vieți pline și bogate. Toate posibilitățile minunate ale vieții sunt ale noastre. Putem fi bogați și faimoși, lideri mondiali sau eroi. Putem contribui la reducerea încălzirii globale, la vindecarea bolilor care ne afectează viața, sau la prevenirea foametei. Avem toate aceste posibilități la îndemână - totul este posibil! Și totuși, pare atât de dificil să știm ce să facem. Cum știm ce cale să urmăm? Pe cine alegem ca modele de urmat? Ce trebuie să facem pentru a ajunge acolo unde vrem să ajungem? Care sunt avantajele finale atunci când ajungem acolo? Ceea ce căutăm, în ultimă instanță, este propria noastră identitate, care este, desigur, un lucru foarte important de găsit.

Pentru că suntem atât de ușor de distras, tindem adesea să găsim ceva convenabil și lipsit de provocare pentru a ne ocupa și distrage atenția. Adesea, petrecem ore nesfârșite discutând pe internet, trimițând mesaje text sau ascultând muzică. Mintea noastră devine antrenată să se comporte în acest fel, căutând mereu plăcerea și distragerea atenției în exterior, mai degrabă decât în interior. Ne este foarte greu să fim doar cu noi înșine, sau să ne gândim la planurile noastre de viitor. Chiar și atunci când încercăm să ne imaginăm viitorul și posibilitățile care ni se deschid, este ușor să ne scufundăm în fantezie sau să urmărim doar ceea ce fac prietenii noștri.

Așadar, iată câteva sfaturi practice pe care să le iei în considerare atunci când te gândești la viitor:

1. **Ai calitățile necesare pentru a-ți atinge scopul?**

    Dacă îți dorești să devii un cântăreț celebru sau un actor cunoscut, este posibil să ai nevoie de un aspect plăcut, o voce melodioasă, de capacitatea de a munci din greu, dar și de noroc! Trebuie să te întrebi: *Chiar* am toate aceste calități? Am încrederea și determinarea necesare pentru a urmări acest obiectiv? Sunt sigur că nu voi renunța la jumătatea drumului pentru că este prea dificil? Am sârguința și perseverența necesare pentru a-mi atinge obiectivele? Urmăresc acest obiectiv pentru că îmi doresc cu adevărat și nu pentru că altcineva așteaptă aceasta de la mine[17]?

Dacă ai răspuns „da" la aceste cinci întrebări, atunci poți să mergi mai departe! Ai ceea ce trebuie și toate șansele să reușești. Dacă, totuși, nu ești sigur de răspunsul la niciuna dintre aceste întrebări, atunci este puțin probabil ca acest tip de obiectiv să merite să fie urmărit și s-ar putea să urmezi doar o fantezie și să-ți irosești energia. Dacă tot timpul tău prețios și energia ta sunt irosite, acest lucru te va împiedica să realizezi altceva.

2. **Acest obiectiv îți va fi benefic pentru toată viața?**

Dacă ești foarte sigur și hotărât să atingi un anumit obiectiv și dacă acest obiectiv este realist, atunci este foarte probabil să îl atingi. Cu toate acestea, trebuie să te gândești cu atenție dacă acest obiectiv îți va fi benefic și dacă va mai avea sens mulți ani mai târziu.

Dacă obiectivul tău este să devii, de exemplu, un cântăreț celebru sau o vedetă sportivă, ar trebui să analizezi cu atenție consecințele faptului că îți dedici toată energia pentru realizarea unui astfel de vis. În primul rând, trebuie să iei în considerare faptul că doar foarte puțini oameni excepționali își pot câștiga existența cu acest tip de carieră și s-ar putea să te condamni la o viață cu mari dificultăți financiare. În plus, poate fi foarte greu să te stabilești undeva dacă trebuie să te muți constant pentru a-ți găsi un loc de muncă și, dacă ai succes, atunci când îmbătrânești s-ar putea să nu mai existe cerere pentru abilitățile tale. S-ar putea să ai dificultăți în a duce o viață normală, mai ales dacă ai trăit într-o lume imaginară sau dacă nu ai trecut niciodată prin multe greutăți.

Poate părea puțin ciudat, dar în Tibet unii dintre călugări și călugărițe sunt oameni celebri, la fel ca starurile de cinema din cultura occidentală. Personal, nu mi-am dorit niciodată să devin un lama popular în Tibet, pentru că ar fi trebuit să mă comport întotdeauna într-un anumit fel și să fiu extrem de conștient de comportamentul meu. Aș fi fost mereu înconjurat de mulți oameni și incapabil să mă relaxez și să trăiesc natural.

Te-ai gândit cu adevărat la modul în care urmărirea și atingerea obiectivului tău îți va afecta viața? Ești încă hotărât să atingi acest obiectiv și crezi că el îți va oferi o viață plină de sens? Există modalități mai bune de a avea o viață plină de sens? Dacă ești conștient de tine însuți și o viață de faimă ți s-ar părea deranjantă, atunci îți irosești timpul prețios și energia visând la ea. Recunoaște acest lucru și începe să te uiți la nenumăratele alte posibilități, analizând cu atenție fiecare dintre aceste opțiuni. Apoi, atunci când ai ales obiectivul potrivit pentru tine, concentrează-te cu o determinare puternică asupra atingerii acestuia. Dacă încerci să revii asupra deciziei luate sau să te îndoiești de tine, atunci s-ar

Dacă ți se pare prea dificil să-ți dedici complet viața unui lucru fără niciun dubiu, atunci trebuie să planifici să realizezi ceea ce-ți dorești în etape. Deși este bine să fii încrezător că vei putea să-ți atingi obiectivele ideale, este întotdeauna mai bine să anticipezi provocările și să ai un plan de rezervă. Dacă obiectivul tău cel mai important pare tot mai îndepărtat, nu trebuie să te descurajezi, deoarece planul ar trebui să includă mai multe niveluri diferite de realizare, inclusiv cel mai rău scenariu. Ar trebui să ai cele mai înalte aspirații, dar să fii, de asemenea, pregătit să te mulțumești cu cel mai rău rezultat. Însă nu înceta niciodată să încerci să-l realizezi!

Este ușor să credem că dacă vom munci din greu viața noastră va fi mai grea. Cu toate acestea, trebuie să ne reamintim mereu că opusul poate fi adevărat, deoarece viața noastră poate deveni mai ușoară pe termen lung și putem ajunge chiar la un stadiu în care ceea ce părea odată muncă grea, devine ușoară. Pe de altă parte, dacă suntem leneși sau mulțumiți, viața noastră poate părea ușoară, dar de fapt se va dovedi a fi mult mai dificilă. Un cuvânt de avertizare, totuși. Pentru unii oameni există pericolul de a fi prea concentrați pe un obiectiv și de a-și neglija familia, prietenii și alte aspecte importante ale vieții, dar pentru majoritatea dintre noi, a depune multă energie în atingerea obiectivul nostru principal este o căutare valoroasă și care merită osteneala, atât timp cât nu uităm celelalte dimensiuni ale vieții.

Disciplina muncii consecvente ne poate îmbunătăți, de asemenea, capacitatea de concentrare și focalizare. Muncind din greu la ceva pe care îl considerăm valoros, putem deveni mai eficienți și mai clari în gândire, în cele din urmă experimentând un sentiment înnăscut de bucurie și satisfacție în timp ce suntem absorbiți de o anumită sarcină. Atunci când devenim mai eficienți, ne este mai ușor să ne asigurăm nevoile materiale și apoi putem alege să folosim acest lucru ca bază pentru a ne simplifica viața și pentru a ne dedica timpul altor activități importante, cum ar fi cultivarea prieteniilor, dezvoltarea de noi interese și abilități, sau chiar alegerea de a duce o viață spirituală. Voi spune mai multe despre acest lucru în capitolele următoare.

Înainte de a continua, iată o scurtă poveste care ilustrează importanța determinării. Sper că vei înțelege de ce viața celor două personaje principale a luat o turnură atât de diferită și că vei aprecia impactul alegerilor pe care le-au făcut când erau tineri.

O POVESTE A DETERMINĂRII

În nordul Indiei, în Satul Copiilor Tibetani (SCT) din Dharamsala, care este un internat pentru copii, doi băieți tibetani învățau împreună. Tenzin s-a născut în Dharamsala și a crescut acolo, în timp ce celălalt băiat, Jigme, s-a născut în Golok, o provincie din Tibet. Cei doi băieți erau foarte competitivi și se întreceau mereu în studiile lor.

Tibetanii și mulți oameni din Asia cred că țările occidentale oferă oportunități mult mai mari, în special în ceea ce privește munca și studiile. Când Tenzin va crește, tatăl său, care este oficial al guvernului tibetan, îl va putea trimite în Elveția pentru a avea o educație și o viață mai bune. Tenzin i-a spus lui Jigme despre acest lucru, lăudându-se că va avea un viitor mult mai plin de succes decât colegul său de școală.

Deși Jigme a fost supărat că nu va avea oportunitățile oferite lui Tenzin, el și-a promis că va studia din greu pentru a-l ajunge din urmă pe prietenul său.

Când Tenzin a ajuns în Elveția, s-a simțit ca în rai și pur și simplu nu-i venea să creadă cât de norocos este. Totul era atât de frumos, iar toate nevoile îi erau ușor de satisfăcut. Când mergea la școală, nu avea probleme cu limba, deoarece studiase engleza în India. El s-a gândit: „Trebuie să învăț foarte mult și să primesc o educație bună, pentru a putea lucra în viitor pentru bunăstarea poporului tibetan".

Cu toate acestea, după câteva săptămâni de studiu sârguincios, multele distracții l-au făcut să își piardă concentrarea. Deoarece Tenzin nu are un caracter destul de puternic, el a devenit preocupat de alte lucruri și și-a pierdut determinarea de a studia. Adesea, atunci când oamenii se confruntă cu multe distracții și oportunități de a se simți bine, încep să își dorească din ce în ce mai multe lucruri și își pierd din vedere obiectivele inițiale, deoarece sunt atât de concentrați pe plăcerea prezentă. În cele din urmă, incapabil să își găsească un loc de muncă după terminarea studiilor, Tenzin a devenit deprimat. A început să bea mult, pentru a putea să facă față situației. Viața lui a devenit mult mai rea decât atunci când locuia în Dharamsala.

Pentru Jigme, mutarea într-o țară occidentală ieșea din discuție, deoarece îi era imposibil să obțină o viză și avea foarte puțini bani. El a continuat să învețe din greu la școala din Satul Copiilor Tibetani, dar după absolvire nu a putut să urmeze studii suplimentare, deoarece trebuia să meargă la o școală indiană și să plătească taxe.

Așa că Jigme a închiriat o bucătărie foarte simplă, în care dormea și locuia în același timp, întreținându-se prin producerea și vânzarea de alimente. În fiecare zi, se trezea la ora patru dimineața și timp de două ore făcea pâine, pe care apoi o vindea pe stradă. Acasă venea pentru a studia engleza avansată, matematica și informatica, pe care le învăța prin corespondență. De la ora patru la ora șase seara gătea găluște mamo, care sunt asemănătoare cu găluștele dim sim, dar au o formă mai rotunjită și legume sau carne în interior. Le vindea în fiecare seară și apoi continua să studieze până la miezul nopții. Nu avea activități distractive sau plăceri care să îi distragă atenția. Din când în când se simțea trist și singur, dar nu avea niciodată timp să se gândească la asta! Timp de peste cinci ani a trăit în acest fel, continuându-și munca incredibil de grea.

Într-o zi, Jigme a întâlnit o occidentală cu părul cărunt pe nume Isobel, care i-a pus câteva întrebări în timp ce el vindea găluști mamo. S-au înțeles foarte bine și, în scurt timp, ea l-a invitat la cină. Se pare că Isobel era din Elveția și vizita regulat Dharamsala pentru că ajuta mai mulți politicieni tibetani în țara sa natală. Când ea l-a întrebat pe Jigme care este scopul său, acesta i-a spus că își dorește să meargă la universitate și să devină profesor.

După cină, Jigme o condus-o pe Isobel să-i vadă locuința. Șocată de situația sa precară și mișcată de determinarea sa, ea s-a oferit să-l sponsorizeze pentru a urma o facultate în Elveția. Jigme a rămas fără cuvinte.

Pentru o vreme, Jigme a crezut că totul este un vis și s-a temut foarte mult că Isobel se va răzgândi. Dar, înainte ca el să-și dea seama ce se întâmplă, Isobel a mers la Delhi și a făcut demersurile pentru a-i obține viza. Pur și simplu lui Jigme nu i-a venit să creadă că este atât de norocos pentru a merge în Elveția!

Înainte de a pleca, Jigme s-a întâlnit cu cel mai bun prieten al său, un călugăr tânăr pe nume Konchok, care l-a felicitat, dar apoi i-a spus pe un ton serios: „Trebuie să ții minte două lucruri când vei fi în Elveția. În primul rând, ține de natura umană ca atunci când ai mai mult și trăiești în condiții mai bune, să-ți fie ușor să-ți pierzi concentrarea și disciplina. Dacă nu-ți pierzi concentrarea, poți să realizezi multe lucruri și să trăiești o viață fericită, dar dacă vei cădea pradă lăcomiei sau lenei, vei întâmpina mari suferințe. În al doilea rând, nu trebuie să uiți niciodată de bunăstarea poporului tibetan, indiferent de cât de bună este situația ta".

Jigme i-a promis lui Konchok că nu va uita niciodată aceste vorbe.

O săptămână mai târziu, Jigme a obținut viza și s-a mutat în Elveția. Când a ajuns, a fost atât de uimit, crezând că este în rai, la fel ca Tenzin. Singura diferență era că în fiecare zi Jigme își amintea sfaturile celui mai bun prieten al său. Timp de șapte ani, cu mari eforturi, a studiat psihologia la universitate și în același timp a lucrat ca grafician, folosindu-și competențele informatice. După un an de ședere în Elveția, s-a îndrăgostit de fiica lui Isobel, Heidi, și după câțiva ani s-au căsătorit. Doi ani mai târziu, a devenit profesor de psihologie și și-a deschis propriul cabinet, care a avut un mare succes.

Într-o zi, profesorul Jigme a ținut o prelegere publică la o universitate renumită din Zurich. La vremea aceea, Tenzin era încă șomer, singur și începuse să ia droguri. A venit la prelegere pentru că era vorba despre psihologie și, prin urmare, credea că subiectul l-ar putea ajuta. Când a ajuns, s-a gândit că lectorul îi pare foarte cunoscut. În mijlocul prelegerii, Jigme a povestit că a mers la școală, la Satul Copiilor Tibetani, și că a avut un coleg pe nume Tenzin. El a menționat că acesta s-a mutat în Elveția în urmă cu aproximativ paisprezece ani, dar nu a mai auzit niciodată ce s-a întâmplat cu el. Tenzin a fost șocat, realizând că Jigme, colegul său de clasă, era cel care ținea prelegerea. Nu i-a venit să creadă că vechiul său rival a ajuns să aibă atât de mult succes, în timp ce viața lui s-a dovedit a fi un eșec.

Gândește-te cum se poate ca doi băieți cu un trecut atât de asemănător să evolueze atât de diferit. Îți amintești cele două lucruri care au fost cele mai importante pentru Jigme și care l-au inspirat să obțină succesul? De asemenea, gândește-te cum ai putea să-ți inspiri viața cu un obiectiv care este cu adevărat semnificativ și ce diferență ar putea face acest lucru.

NECESITATEA ÎNCREDERII ÎN SINE

Adolescenți fiind, suntem extrem de sensibili la opiniile celorlalți. Din nou, acest lucru se datorează faptului că nu am dezvoltat încă suficientă concentrare interioară pentru a ne cunoaște pe noi înșine și pentru a aprecia cu adevărat consecințele pozitive și negative ale acțiunilor noastre. O persoană care are multă experiență și înțelepciune nu va fi niciodată lipsită de conștiința de sine. Acest lucru se datorează faptului că poate judeca singură ce este bun și ce este rău, ce merită și ce nu merită, pe ce să își concentreze energia și ce este o pierdere de timp. Dacă însă suntem adolescenți, experiența noastră în lume este relativ limitată, ceea ce înseamnă că este puțin probabil să avem acest tip de conștiință discriminatorie. Percepția noastră este îngustă, precum ochiul unui ac, și putem cădea cu ușurință în capcana de a ne baza prea mult pe opiniile altora.

Acest lucru nu este valabil doar pentru adolescenții din Occident. Chiar și în micul meu sat din Tibet eram obsedat de imaginea mea și eram foarte conștient de ceea ce credeau ceilalți despre mine. Cu familia și rudele mele mă purtam întotdeauna natural, deoarece nu mi se părea atât de important ca lucrurile să fie perfecte cu ei. Cu toate acestea, dacă prietenii mei sau alte persoane din comunitate veneau la noi acasă, orice aș fi făcut și oricum s-ar fi comportat părinții, frații și surorile mele și chiar rudele mele, m-aș fi simțit complet stânjenit dacă totul nu ar fi fost perfect. Când mă uit acum în urmă, îmi este clar că mă purtam fals în fața prietenilor și cunoștințelor mele, doar pentru că eram disperat ca ei să aibă o părere bună despre mine.

În adolescență, cercul nostru de influență este în general limitat. În consecință, înțelegerea noastră a ceea ce este posibil este, de asemenea, limitată. Vrem mulți prieteni, vrem să fim plăcuți și să fim populari, așa că tindem să urmăm interesele celor din grupul nostru de amici. Încercăm să fim nostimi și amuzanți. Băieții, în special, doresc ca grupul lor de prieteni să îi considere „cool" și, pentru a-și menține această imagine, s-ar putea să se laude cu prietenele lor sau să-i ridiculizeze pe alții. Fetele, pe de altă parte, tind să se preocupe de aspectul lor și cheltuiesc mult timp și bani pe machiaj, haine și tunsori pentru a se simți cât mai atrăgătoare. Imaginea este cea mai importantă preocupare, iar acest accent este încurajat de mass-media și de grupul nostru de prieteni.

Cu toate acestea, dacă reflectăm cu atenție, vom descoperi că suntem preocupați doar de modul în care ne percep persoanele de vârsta noastră, fără să ne pese cu adevărat ce crede restul lumii despre noi. Nici nu suntem cu adevărat preocupați de consecințele viitoare ale faptului că suntem atât de focusați pe buna noastră imagine de sine. Dacă acest lucru devine o obsesie, putem deveni orbi la multe lucruri care sunt cu adevărat valoroase în lume. Uneori ne decorăm trupurile tinere și frumoase cu tatuaje sau piercinguri. Deși nu este nimic greșit în a dori să arăți frumos și să fii mândru de identitatea ta unică, încearcă să-ți amintești că într-o zi s-ar putea să-ți fie rușine de modurile excesive în care ți-ai împodobit corpul de dragul imaginii de sine. Nu uita, moda se schimbă foarte repede!

Uneori, obsesia imaginii de sine ne poate conduce la un comportament și mai dăunător. Suntem cu toții conștienți de efectele nocive ale drogurilor, țigărilor și alcoolului, dar suntem adesea tentați să le încercăm pentru a părea „cool" în fața prietenilor noștri, sau pentru a compensa lipsa de încredere în sine. Știind acest lucru, avem nevoie de determinare, autodisciplină și înțelepciune, pentru a ne proteja sănătatea fizică și mentală de efectele acestor substanțe nocive.

Pe măsură ce îmbătrânim și căpătăm mai multă experiență, majoritatea oamenilor câștigă încredere în ei înșiși și nu se mai preocupă atât de mult de ceea ce cred alții, nemaifiind conduși de dorința de a fi populari. De asemenea, dobândim înțelepciunea de a lua decizii mai bune, bazate mai degrabă pe propriile noastre observații decât pe opiniile altora. Din păcate, nu există niciun truc magic care să ne ofere brusc concentrare interioară și cunoaștere de sine, deoarece trebuie să obținem acest lucru singuri, pe măsură ce învățăm și creștem, acumulând experiență de viață. Cu toate acestea, ori de câte ori te surprinzi încercând să impresionezi o altă persoană, este util să-ți pui această întrebare: *„De ce este opinia lor atât de importantă pentru mine? Și ce cred eu însumi despre această chestiune?"* Reflectarea constantă în acest fel ne va ajuta să ne dezvoltăm concentrarea interioară și vom ajunge treptat să ne înțelegem propria minte.

SEX, DROGURI ȘI ROCK AND ROLL

Am menționat mai devreme unele dintre comportamentele de autovătămare pe care oamenii le experimentează când sunt adolescenți, în special drogurile și consumul excesiv de alcool. Sunt categoric împotriva consumului de droguri și alcool, poate pentru că nu am fost niciodată expus la ele în copilărie și, prin urmare, pot vedea cu ușurință răul pe care îl pot provoca. În Occident, bărbații se simt adesea presați să consume alcool pentru a părea mai masculini sau „virili", iar unele femei par să creadă că băutura le va face mai sociabile, mai încrezătoare și mai dorite de bărbați. Aceste idei sunt adesea promovate de o societate cu o viziune limitată sau îngustă și cu o lipsă de influențe culturale alternative. De exemplu, în provincia Golok din Tibet, niciuna dintre femei nu fumează sau nu bea și doar aproximativ cinci la sută dintre bărbați au aceste obiceiuri.

Mulți oameni cred că o viață fără alcool sau droguri este o viață plictisitoare, dar eu aș pune la îndoială această idee. Credeți că cineva care nu a avut niciodată o durere de cap este mai plictisitor decât o persoană care are o durere de cap și o ameliorează cu medicamente? În mod similar, este cineva care nu are mâncărimi mai plictisitor decât cineva care are mâncărimi, dar se scarpină și le ameliorează? Ne putem gândi la intoxicații ca la un exemplu a ceea ce înțeleg budiștii prin a deveni dependenți de o poftă - consumul unui drog ne oferă o senzație plăcută și acest lucru duce la o poftă pentru mai multă senzație. În cele din urmă, se poate ajunge la un punct în care pofta a pus stăpânire pe viața noastră și ne petrecem tot timpul încercând să ne satisfacem pofta, fără a o satisface vreodată cu adevărat. Nu spun că drogurile nu sunt plăcute sau distractive atunci când le iei. Dar poate să apară un efect extrem de neplăcut atunci când efectul drogului dispare, poți face unele lucruri foarte dăunătoare în timp ce te afli sub influența acestor droguri și există un mare pericol să-ți pierzi controlul asupra propriei vieți.

Chiar dacă nu devenim dependenți, consumul de droguri poate afecta grav corpul și mintea. Consumat chiar și o singură dată, drogul poate declanșa o boală mintală gravă, sau ne poate determina să adoptăm comportamente dăunătoare. Am auzit adesea povești de la prietenii mei medici despre tineri pe care i-au văzut în departamentele de urgență ale spitalelor, care au luat droguri și s-au rănit pe ei înșiși sau pe alții în timp ce se aflau sub influența acestora. Toate drogurile pot provoca acest rezultat. Chiar și drogurile pe care le credeți inofensive, cum ar fi marijuana, pot avea efecte dăunătoare asupra creierului și pot duce la boli mintale grave, precum schizofrenia.

Din păcate, mulți tineri au ideea că drogurile conduc la experiențe spirituale, confundând „progresul spiritual" cu faptul că văd sau simt lucruri neobişnuite. Aceasta este o viziune complet distorsionată, deoarece realizarea spirituală ar trebui să ne facă să devenim mai stăpâni pe noi înşine, mai bine ancoraţi şi mai în contact cu realitatea. În schimb, drogurile ne fac să ne pierdem autocontrolul, ne conduc la experienţe pur iluzorii şi ne determină să pierdem contactul cu realitatea.

În acelaşi mod în care pofta pentru senzaţiile generate de droguri poate fi copleşitoare, la fel se poate întâmpla şi cu pofta pentru senzaţia de plăcere sexuală. Mulţi oameni din Occident par să creadă că dorinţa de a face sex sau de a se îndrăgosti este o forţă copleşitoare şi de neoprit a naturii şi, de asemenea, mulţi par să creadă că, spre deosebire de droguri sau alcool, sexul este o dorinţă naturală sau chiar o necesitate în viaţă. Desigur, este adevărat că nicio fiinţă umană nu ar exista fără uniunea sexuală a părinţilor săi şi nu spun că sexul este neapărat rău sau nesănătos. Cu toate acestea, există două puncte importante pe care cred că ar trebui să le luăm în considerare.

Primul este că motivaţia noastră pentru activitatea sexuală este foarte importantă. Ne gândim la sex cu o intenţie pură, pentru a ne arăta dragostea autentică şi grija faţă de cineva, sau pentru a avea copii care să transmită înţelepciunea la generaţia următoare? Sau vrem să facem sex pentru a satisface o aşteptare sau o fantezie nerealistă, din cauza pierderii autocontrolului, sau pentru că vrem să arătăm bine în faţa colegilor noştri? Este important să înţelegem că energia sexuală dintre un bărbat şi o femeie are un potenţial incredibil de a se dezvolta în ceva mult mai profund şi mai puternic decât cred majoritatea oamenilor, respectiv la o capacitate interioară extraordinară. Cu toate acestea, pentru a descoperi acest lucru, multe condiţii trebuie să fie prezente în fiecare persoană. În special, ambii parteneri trebuie să aibă intenţii pure, iar relaţia nu poate fi niciodată forţată, ea trebuie să se formeze întotdeauna în mod natural.

Dacă nu vă puteţi raporta la această idee, este totuşi important să ştiţi cel puţin că relaţiile sexuale nu sunt nici pe departe atât de simple pe cât am putea crede. De fapt, este posibil să identificăm opt niveluri diferite de complexitate, progresiv mai profunde și mai semnificative.

Cel mai de jos este nivelul animal, atunci când căutăm doar o senzație fizică sau să satisfacem o nevoie sau un apetit, așa cum facem atunci când mâncăm și bem.

Al doilea nivel este cel al tranzacțiilor, la care înțelegem puțin mai bine ceea ce facem, dar motivația se bazează pe lăcomie, astfel încât există foarte puține șanse de a dezvolta o legătură reală. Relațiile ocazionale apar adesea la acest nivel.

Al treilea nivel este cel al sexualității umane obișnuite. Aici, uniunea sexuală are loc între doi oameni care s-au îndrăgostit, astfel încât există un sentiment mai mare de conexiune, mai multă plăcere și o relație mai bună. Cu toate acestea, acest tip de atracție se bazează de obicei pe un atașament orb și este puțin probabil să satisfacă ceva mai mult decât nevoile fizice și emoționale pe termen scurt.

Al patrulea nivel este cel educat, la care nevoile ambilor parteneri sunt mai bine satisfăcute, deoarece aceștia posedă mai multă cunoaștere. Ei au o capacitate mai mare de a face față problemelor și de a-și îmbunătăți relația, deși profunzimea relației lor este limitată, deoarece cunoașterea are loc în principal la nivel intelectual. Iubirea dintre cei doi parteneri este încă un pic creată, nu este atât de naturală sau spontană pe cât ar putea fi.

Urmează cel de-al cincilea nivel - nivelul condițiilor bune - în care bunăstarea fizică și maturitatea emoțională a ambilor parteneri sunt mai dezvoltate și există o revărsare naturală de generozitate și apreciere. Acest lucru oferă adevăratei iubiri o șansă mai mare de a înflori, iar nivelul de satisfacție sexuală este, de asemenea, mult mai ridicat.

Al șaselea nivel este cel al emergenței spirituale. În acest stadiu, toate calitățile interioare bune pe care le-am menționat în această carte sunt foarte dezvoltate în ambii parteneri, în special generozitatea, recunoștința și percepția pură. Experiența lor de fericire este mai profundă, nu numai la nivel de senzație, ci și la un nivel dincolo de gândirea convențională, iar această fericire conține o formă de înțelepciune înnăscută, naturală.

Al șaptelea nivel este nivelul de măiestrie spirituală. Toate calitățile anterioare sunt dezvoltate, precum și puterea de a controla fluxul de energie în ceea ce noi numim „corpul subtil"[18], alcătuit din canale, vânt interior și esențe subtile. Corpul subtil nu este ceva ce există în mod obiectiv. Mai degrabă, descrie curenții de energie extatică care sunt experimentați în timpul îmbrățișării în uniunea sexuală. Uniunea înțelepciunii și a conștientizării fericite devine din ce în ce mai mare, cu sau fără partener, până când devine total independentă de condițiile externe.

În cele din urmă, al optulea nivel este cu totul dincolo de concepte precum spațiul și timpul și poate fi considerat ca uniunea inseparabilă a înțelepciunii și a conștientizării fericite imuabile, sau iluminarea însăși.

Chiar dacă acest lucru nu are sens acum pentru noi, simpla curiozitate și aspirația de a afla mai multe despre aceste niveluri superioare ne oferă un mare avantaj. Practic, punctul crucial este să încercăm să dezvoltăm o atitudine de generozitate și apreciere autentică. Dezvoltarea unei percepții mai bune sau mai pure asupra partenerului nostru este mult mai importantă decât căutarea perfecțiunii la acesta, deoarece modul în care îl vedem depinde în cea mai mare parte de felul în care gândim - după cum spunea Shakespeare: *Nimic nu este bun sau rău, doar gândirea îl face să fie așa*. Este important să aspirăm cel puțin la a ne gândi la sex ca la ceva rar și prețios. Dacă ne gândim că este doar o nevoie de bază, pe care trebuie să o satisfaci în mod obișnuit, precum mâncarea sau băutura, nu vom trece niciodată de stadiile inferioare și vom fi într-un mare dezavantaj.

Al doilea punct pe care aș dori să îl subliniez este că sexul nu este o necesitate pentru toată lumea. O viață bogată, împlinită, cu multe realizări poate fi obținută și fără sex - de fapt, acest lucru poate fi obținut uneori mult mai ușor fără sex! Ceea ce vreau să spun aici este că multe dificultăți pot apărea ca urmare a sexualității, inclusiv situații care duc la gelozie, furie, regrete sau obsesii cu una sau mai multe persoane. Toate acestea ne îndepărtează de la concentrarea pe ceea ce este cu adevărat important în viața noastră. Acest lucru nu înseamnă că nu ar trebui să îi iubim pe ceilalți, sau că ar trebui să evităm relațiile intime. Mai degrabă, ar trebui să ne dăm seama că se pot construi relații împlinite fără sex, iar acestea conțin adesea mult mai puține preocupări egocentrice decât relațiile în care sexul este de primă importanță.

CUM SĂ AI RELAȚII MAI BUNE

Înainte să critici pe cineva, mergi o milă în pantofii lui.
- zicală tradițională -

~

Adolescenții cred adesea că „relația" se referă, în primul rând, la o relație între iubit și iubită. Cu toate acestea, cele mai importante relații pe care le avem ca adolescenți sunt cele cu familia și prietenii. Relațiile sunt de o importanță supremă pe tot parcursul vieții noastre. Atunci când acestea merg bine, ne simțim mai bine cu noi înșine, înconjurați de cei care ne iubesc și au grijă de noi. Când merg prost, ne pot face să ne simțim groaznic. Mulți oameni cred că faptul că ne înțelegem sau nu cu cineva nu depinde în totalitate de noi, ca și cum ar fi un fel de instinct. Cu toate acestea, adevărul este că toți avem un mare control asupra calității relațiilor noastre și este util să știm cum putem folosi acest lucru în avantajul nostru, în special pentru a depăși conflictele.

Când eram tânăr, eram nemulțumit de casa mea și, de multe ori, făceam eforturi mari pentru a obține permisiunea tatălui meu de a sta la vecinul nostru. Indiferent de cât de frumoasă era casa mea sau de cât de delicioasă era mâncarea, căutam alte case, care erau câteodată inconfortabile, chiar murdare și în care mâncarea oferită era fără gust și simplă.

În adolescență, mulți dintre noi încep să considere viața în familie plictisitoare și monotonă, așa că își caută libertatea și independența în altă parte. Cu toate acestea, deoarece nu avem capacitatea de a ne susține financiar și, prin urmare, nu ne putem muta de acasă, ne este greu să fim cu adevărat independenți. Astfel, intrăm în cercuri diferite de prieteni și dorim să petrecem mai mult timp cu ei decât cu propria familie, iar acest lucru poate provoca conflicte acasă.

Există, desigur, multe, multe alte lucruri care pot provoca conflicte între adolescenți și părinții lor sau, de fapt, între adolescenți și oricine altcineva! Putem crede că părinții noștri sunt plictisitori și de modă veche, sau că nu au suficientă încredere în noi și ne fac să părem proști în fața prietenilor noștri. Cu toate acestea, indiferent de motivul pentru care ne certăm sau cu cine ne certăm, metodele de rezolvare a conflictelor cu ceilalți sunt întotdeauna aceleași.

Fiecare ființă umană, indiferent de cât de diferiți suntem, are aceleași nevoi de bază și aceeași dorință de bază de a fi fericit. Dacă vrem să rezolvăm conflictele cu ceilalți, trebuie să ne amintim că suntem ca ei, astfel încât să putem înțelege de ce se comportă în felul în care se comportă. Încearcă să te pui pentru puțin timp în locul celeilalte persoane. Dacă ai un conflict cu mama ta, încearcă să-ți imaginezi că ești în situația ei. Dacă încerci cu adevărat, vei putea să-ți faci o idee despre cum se simte ea și de ce se comportă în felul în care se comportă. Gândește-te cum ți-ar plăcea să fii tratat dacă ai fi în situația ei, chiar dacă crezi că greșește, și tratează-o în acest fel. Imaginează-ți că ai copii și cum ai dori să te trateze ei, apoi tratează-ți părinții în același mod.

Nu uita, nu ne preocupă ce este bine sau ce este rău, ci, mai degrabă, găsirea celui mai abil mod de a face față unei anumite situații. Putem practica aceeași tehnică cu orice relație din viața noastră, de exemplu, cu profesorii, frații sau prietenii noștri. Perspectiva pe care o putem dobândi asupra motivelor pentru care alții se comportă așa cum o fac este cu adevărat uimitoare, dacă ne putem pune în locul lor.

RECUNOȘTINȚĂ

Sentimentul de recunoștință față de ceilalți ne îmbunătățește, de asemenea, relațiile cu aceștia și, după cum am menționat anterior, recunoștința este una dintre calitățile mentale de bază care conduc la fericire. Iată o modalitate prin care poți genera recunoștință față de părinții tăi. Gândește-te la ce au făcut părinții tăi pentru tine de-a lungul anilor - au avut grijă de nevoile tale fizice și te-au învățat căile lumii - și gândește-te la toate eforturile și sacrificiile pe care le-au făcut pentru tine. Chiar dacă uneori ai avut o relație dificilă cu ei, nimeni altcineva nu va fi făcut la fel de mult pentru tine. Dacă te gândești cu adevărat la acest lucru, nu poți să nu simți un sentiment de recunoștință! Acest sentiment de recunoștință te poate ajuta să te simți fericit atât direct, cât și indirect. El aduce un sentiment imediat de căldură și apropiere, iar pe termen lung relația ta se va îmbunătăți cu siguranță, deoarece îi vei trata pe părinți cu mai multă bunătate.

Dacă, totuși, ne este greu să le fim recunoscători părinților noștri, nu uitați că este posibil ca aceștia să fie sub controlul unor emoții negative, așa cum putem fi cu toții uneori. În loc să avem o atitudine critică sau ostilă, sau să devenim descurajați, putem folosi acest lucru ca pe o oportunitate de a ne spori empatia față de ei și de a ne dezvolta o mai mare forță emoțională. Dacă le răspundem cu furie, sau păstrând ranchiună, pierdem o ocazie prețioasă de a le arăta că ne pasă cu adevărat de ei.

Sunt adesea surprins când vorbesc cu tinerii din Occident despre sentimentul de recunoștință față de părinții lor. În general, părinții încearcă să le ofere copiilor lor toate avantajele posibile, însă este ceva obișnuit ca tinerii să se plângă de părinți și, poate, să se simtă neiubiți. Acest lucru este destul de diferit de mediul în care am crescut eu. Privind din exterior, părinţii tibetani par mult mai stricţi decât părinţii occidentali şi folosesc adesea pedepse fizice dacă copiii lor nu îi ascultă. Cu toate acestea, în cultura tibetană, care este în mare măsură influenţată de budism, respectul şi recunoştinţa faţă de părinţi sunt foarte accentuate şi se întâmplă foarte rar să dai vina pe părinţi pentru dificultăţile vieţii. Deşi analiza situaţiei noastre familiale ne poate oferi anumite perspective, nu este niciodată utilă dacă duce la învinovăţire şi resentimente.

IMPORTANŢA COMPASIUNII

Poate te gândeşti: *„Ei bine, am un conflict cu sora mea - sau cu mama mea - dar acest conflict nu este din vina mea, este din vina ei!"*. Poate că ai încercat din răsputeri să înţelegi de ce se comportă astfel şi tot ai ajuns la concluzia că ea este cu siguranţă de vină. Totuşi, dacă am încercat cu adevărat să luăm în considerare punctul de vedere al celeilalte persoane şi credem sincer că am făcut tot ce era posibil pentru a rezolva conflictul, dar fără succes, poate doar atunci am putea crede că avem dreptul să ne simţim furioşi şi răniţi de cealaltă persoană.

Te întreb, totuşi, dacă simţi furie şi resentimente, pe cine răneşti de fapt? Lasă-mă să-ţi explic. Să presupunem că te-ai certat cu prietenul tău pentru că s-a ataşat de o altă persoană. Te simţi gelos şi rănit de faptul că el pare să-i acorde toată atenţia acelei persoane, te ignoră şi doreşte să-şi petreacă tot timpul cu noul prieten. Poate că nu ţine seama de sentimentele tale, fiind concentrat doar pe el însuşi, iar acest lucru îţi provoacă suferinţă. Ai putea reacţiona insistând asupra calităţilor negative ale prietenului tău, sau gândindu-te la cât de nefericit eşti, lăsând furia şi gelozia să te macine - dar acest lucru nu va face decât să-ţi aducă şi mai multă suferinţă. Este posibil să ajungi să te gândeşti din ce în ce mai mult la această situaţie, pe măsură ce mica flacără de furie şi gelozie se transformă într-un foc de tabără, distrugându-ţi complet liniştea sufletească. Alternativ, ai putea gândi: „Ei bine, acest prieten mă face să sufăr din cauza propriului lui mod îngust de gândire, care îi va face de fapt rău pe termen lung. În loc să fiu furios, voi practica iertarea și compasiunea".

Încearcă din răsputeri să evoci gânduri bune și iubitoare față de acest prieten, gândindu-te la toate lucrurile care îți plac la el. Când vei simți bunătate și compasiune față de el, vei simți fericirea crescând în tine. Îți garantez aceasta.

UN PIC DESPRE LIBERTATE

Am menționat mai devreme că, adolescenți fiind, ne dorim adesea autonomie sau „libertate". Cu toate acestea, în lumea modernă, mulți oameni par să confunde libertatea falsă cu libertatea adevărată care este cea interioară. Libertatea falsă include libertatea de a face orice ne place și, de asemenea, libertatea de a nu depinde de alte persoane. Acest tip de libertate creează o distanță între noi și ceilalți. În cele din urmă, ea duce la singurătate, deoarece ajungem să acceptăm și să respingem oamenii în funcție de nevoile noastre, în loc să relaționăm cu ei prin comunicare autentică. Acest lucru aduce în cele din urmă suferință în viața noastră. Libertatea falsă poate aduce de asemenea multe probleme, cum ar fi disensiuni și dizarmonie în familie și între prieteni, dar dacă suntem generoși și relaționăm în mod autentic, creăm armonie și apropiere, devenind astfel mult mai fericiți.

Adevărata libertate provine din independența totală. Aceasta nu înseamnă să respingem pe toată lumea din jurul nostru și să punem o distanță între noi și ceilalți, ci mai degrabă să ne controlăm propria minte și, prin urmare, să fim liberi de a nu mai reacționa impulsiv sau automat la evenimentele externe. Este important să subliniez că mă refer atât la evenimentele externe favorabile, cât și la cele nefavorabile, deoarece adevărata libertate înseamnă să ne controlăm mintea și emoțiile *tot timpul*, indiferent de ce s-ar întâmpla. Acesta este un concept dificil de înțeles, mai ales pentru tineri, dar trebuie doar să ne amintim că, dacă ne lăsăm ușor purtați de evenimente externe și de emoțiile pe care acestea le generează, atunci suntem prizonierii acestora, iar libertatea noastră va fi întotdeauna limitată.

REFLECȚIE - LUAREA DECIZIILOR

Gândește-te la o decizie importantă pe care ai luat-o recent. Cum ai luat-o? Ai cerut sfatul altor persoane care au multă experiență de viață? Te-ai gândit bine la toate consecințele deciziei tale?

Așteptările tale au fost realiste sau nerealiste? Ai luat în considerare cel mai rău scenariu? Ai avut vreun plan de rezervă? Ai fost complet sincer cu tine însuți, sau ai luat decizia pentru că ai vrut să impresionezi pe cineva? Ai luat în considerare toate opțiunile posibile?

Acum gândește-te la o decizie pe care urmează să o iei. Din nou, pune-ți toate aceste întrebări, asigurându-te că iei în considerare cu atenție toate opțiunile. Stai drept, cu coloana vertebrală dreaptă, relaxează-ți corpul, respiră adânc de câteva ori și limpezește-ți mintea. Dacă ești sincer cu tine însuți, care este cea mai bună decizie?

O a doua șansă de a dezvolta înțelepciunea

Dacă ne dorim o viață fericită și plină de sens, este esențial să înțelegem și să ne amintim cauzele și condițiile fericirii. Fericirea și nefericirea nu sunt stări aleatorii - și nici nu depind de noroc sau ghinion. Deși evenimentele externe pot contribui la fericirea noastră, ea depinde în mod fundamental de sinele nostru interior. Fericirea poate fi a noastră doar dacă avem atitudinea mentală potrivită, iar aceasta vine din dezvoltarea unor calități mentale virtuoase.

Foarte puțini oameni au în mod natural atitudinea mentală potrivită. Aceștia sunt mult mai fericiți și mult mai rezistenți decât alții în fața dificultăților. De asemenea, ei tind să experimenteze mult mai puține emoții negative, cum ar fi depresia. Majoritatea dintre noi, însă, nu avem în mod natural această atitudine și, prin urmare, trebuie să practicăm în mod conștient pentru a o dezvolta, în special prin cultivarea unor calități precum recunoștința și compasiunea. Cu un efort constant și dedicat, ne putem dezvolta, treptat, o minte pașnică și mulțumită, indiferent de situația noastră în exterior.

Ca tânăr adult care își dezvoltă independența și descoperă cum își poate lăsa amprenta asupra lumii, ne confruntăm cu multe decizii importante în viață, dragoste și relații. Prin urmare, voi vorbi despre aceste aspecte, precum și despre calitățile mentale care sunt cele mai importante la această vârstă.

RESPONSABILITĂȚI ȘI DECIZII

În acest moment al vieții noastre suntem complet responsabili pentru starea noastră de bine viitoare, așa că avem un mare potențial de a realiza ceva dacă avem un impuls și o determinare puternice. Uneori ne putem simți copleșiți când vine vorba de a alege în ce direcție să ne îndreptăm eforturile și activitățile. Din acest motiv, aș dori să sugerez câteva sfaturi orientative și să menționez, în special, câteva condiții externe importante pe care ar trebui să le urmărim atunci când încercăm să trăim o viață pașnică și fericită. Acestea sunt idei budiste, dar ele pot fi aplicate circumstanțelor oricărei persoane. Poate fi util să te gândești la ele atunci când decizi stilul de viață, cariera și obiectivele pe care le dorești pentru viața ta.

1. **Un venit suficient**

   Atât timp cât nu trăim o viață de renunțare totală, îndepărtându-ne de toate scopurile lumești, trebuie să avem un anumit nivel de avere pentru a ne putea întreține. Dacă reușim să economisim ceva bani și să acumulăm avere și proprietăți într-un mod folositor, ne vom putea bucura de siguranță în viitor. Cu toate acestea, este important să facem acest lucru fără a ne implica în meserii ilegale sau în profesii dăunătoare. O profesie dăunătoare ar putea include conducerea unui abator sau a unei întreprinderi de pescuit comercial, munca într-un laborator în care suntem responsabili de uciderea multor animale, sau funcția de general într-o armată aflată în război. Dacă nu avem de ales decât să ne implicăm în acest tip de muncă, sau dacă motivația noastră este în esență pură, consecințele nu vor fi atât de mari. În caz contrar, implicarea în acest tip de muncă este foarte probabil să fie în detrimentul fericirii noastre pe termen lung, chiar dacă inițial nu vom observa acest lucru. Meseriile ilegale, cum ar fi comerțul cu droguri, arme sau cu bunuri furate, ne tulbură, de asemenea, liniştea mentală şi reprezintă un obstacol în calea fericirii în viitor.

2. **Gestionarea înţeleaptă a resurselor financiar**

Este important să ne cheltuim banii în moduri profitabile, având grijă de membrii familiei şi făcând fapte meritorii. Cei care sunt zgârciţi sunt foarte ataşaţi de bani şi au dificultăţi în a-i cheltui. Chiar dacă cumpără ceva, se gândesc continuu la banii pe care i-au plătit şi nu au niciodată şansa reală de a se bucura de ceea ce au cumpărat. Mulţi oameni cheltuiesc bani pe lucruri inutile, doar pentru a se simţi bine sau pentru a-şi satisface dorinţele de moment, însă acest obicei se bazează adesea pe lăcomie sau impulsivitate şi este posibil să îi priveze de fericirea viitoare. În schimb, este important să prioritizăm modul în care ne cheltuim banii, să arătăm o apreciere sinceră pentru ceea ce am cumpărat şi să fim atenţi la modul în care putem evita susţinerea organizaţiilor dăunătoare şi distrugerea mediului. În plus, ar trebui să ne gândim cu atenţie la cel mai bun mod de a investi economiile pe care le acumulăm şi, cu siguranţă, este o idee bună să discutăm această chestiune cu persoane care se pricep la gestionarea finanţelor. Banii au adesea o conotaţie negativă, însă nu este nimic în neregulă cu banii în sine, într-adevăr, aceştia pot fi foarte benefici. Singura problemă este opinia noastră despre bani şi despre modul în care să îi folosim.

3. **Eliberarea de datorii**

Dacă avem datorii faţă de alţii, financiare sau de altă natură, s-ar putea să nu avem prea multă linişte sufletească până când datoria nu va fi achitată. Adesea, oamenii se îndatorează pentru a atinge fericirea temporară, dar apoi datoria devine disproporţionată în comparaţie cu venitul câştigat. Acest lucru creează multe dificultăţi

pe termen lung, iar dobânda pe care trebuie să o plătim pe cardul
de credit ne obligă să muncim şi mai mult. Uneori, dacă am putea
vizualiza această datorie, ar arăta ca un munte! Chiar dacă suntem o
persoană generoasă şi bună şi ne îndatorăm cheltuind bani pentru
alţii, acesta este un mod nechibzuit de a dărui, deoarece dobânda
pe care o plătim ar putea servi unui scop mult mai benefic.

4. **O viaţă inofensivă**

Dacă am greşit sau am făcut rău cuiva, nu ne putem bucura
de niciun fel de satisfacţie când ne gândim la faptele noastre.
Consecinţele rănirii altora se întorc întotdeauna la noi, mai
devreme sau mai târziu, precum un bumerang, fie că este vorba de
un aspect fizic sau de unul psihic. Uneori, aceste consecinţe apar
într-un mod evident, în timp ce alteori ele sunt mai obscure. Chiar
şi pe patul de moarte nu vom putea scăpa de consecinţele acţiunilor
noastre şi ne va fi greu să găsim liniştea sufletească dacă nu am dus
o viaţă inofensivă.

ALEGEREA ÎNTRE O VIAŢĂ SPIRITUALĂ ŞI UNA LAICĂ

Aşa cum am menţionat mai devreme, există nenumărate oportunităţi şi căi
pe care putem alege să le urmăm în viaţa noastră. Cu toate acestea, există,
în esenţă, două căi principale între care trebuie să decidem - viaţa spirituală
şi viaţa laică. Dacă alegem viaţa laică, trebuie să ne hotărâm asupra vieţii
cu un partener, sau să trăim singuri.

Nu voi spune prea multe despre viaţa spirituală în acest moment,
deoarece, pentru majoritatea tinerilor din lumea modernă de azi, ar părea
probabil puţin bizar sau nerealist. În esenţă, o viaţă spirituală este o viaţă
dedicată găsirii păcii interioare şi eliberării complete de toate gândurile şi
emoţiile necontrolate. Însă este, de asemenea, o viaţă în care trebuie să fim

dispuși să renunțăm la toate atașamentele lumești, multe dintre ele pe care le luăm de bune, pentru a ne concentra intens asupra practicii spirituale sub îndrumarea unui profesor calificat. Dacă aceasta este o cale pe care dorim să o urmăm, atunci este ceva care trebuie întreprins cu cea mai mare grijă. Nu ar trebui să ne petrecem întreaga viață căutând, preluând fragmente din diferite religii și practici. În schimb, este esențial să găsim o tradiție spirituală autentică, recunoscută, un ghid spiritual autentic și calificat și o comunitate autentică.

Din fericire, marile tradiții de înțelepciune ale lumii oferă o varietate de căi potrivite persoanelor cu înclinații și abilități diferite - celor care sunt mai înclinați intelectual, celor cu o devoțiune naturală sau celor cărora le este ușor să mediteze. În cultura noastră, poate fi posibil pentru unii oameni să se angajeze pe deplin într-o viață spirituală, având în același timp un loc de muncă și un partener, alegând să-și simplifice viața și încercând să integreze acest lucru cu practica spirituală. Pentru alții, poate fi mai potrivit să se alăture unei comunități spirituale mai îndepărtate de ritmul aglomerat al vieții de zi cu zi, sau chiar să ia în considerare intrarea într-o mănăstire. Voi vorbi mai mult despre viața spirituală în capitolul următor, bazându-mă pe propriile mele experiențe din Tibet.

Dacă acest tip de viață pare prea neconvențional pentru noi, există o mulțime de oportunități de a căuta fericirea printr-o viață laică. Acest lucru nu înseamnă că nu putem avea o dimensiune spirituală în viața noastră. Cu toate acestea, nu vom fi capabili să urmărim acest lucru la fel de profund precum cineva care face din aceasta obiectivul principal al întregii sale vieți.

Dacă alegem viața laică, așa cum fac marea majoritate a oamenilor, cea mai importantă decizie pe care o vom lua este dacă să alegem viața cu un partener sau să trăim singuri. Dacă dorim să avem un partener, ar trebui să ne gândim cu atenție la tipul de persoană cu care am dori să ne petrecem viața. Ar trebui să fim pregătiți să acceptăm oamenii așa cum sunt, deoarece toți avem defecte. Nu te aștepta să găsești pe cineva care este perfect sau fără defecte, sau care este exact ca tine, și nu te aștepta să îl schimbi mai târziu când vei descoperi că nu este fără defecte. Ar trebui să reflectăm cu sinceritate asupra propriilor experiențe și tipului nostru de personalitate și să-i observăm pe cei din jurul nostru.

Este posibil să fim o persoană foarte independentă sau ambițioasă, care dorește să realizeze multe lucruri. Poate că dorim să ducem o viață simplă și liniștită, sau o viață care să fie mereu deschisă unor noi oportunități. În acest caz, este posibil să fim mai potriviți pentru o viață de burlac. Având mult mai puțină nevoie de compromisuri, vom avea mult mai mult spațiu în viața noastră. Fără responsabilitatea sau nevoia de a dedica o cantitate mare de timp problemelor familiale, vom avea mai multe oportunități și libertate de a ne urmări propriile interese.

Dacă ești în mod natural o persoană grijulie și empatică și dorești să-ți dedici viața unei alte persoane și să formezi o familie, este posibil să fii mai potrivit pentru o viață cu un partener. Vei avea astfel mai multe oportunități de a dezvolta aceste calități și de a avea o viață de familie împlinită. Majoritatea oamenilor doresc să fie apropiați și intimi cu altcineva și, prin urmare, vor fi atrași să găsească o altă persoană în care pot avea încredere deplină și pe care o pot accepta, ceea ce reprezintă o sursă de iubire și securitate. Acest lucru poate aduce un tip de fericire mult mai puternic decât poate fi găsit prin bogăție, faimă sau posesiuni materiale, deoarece va exista întotdeauna dragoste și siguranță, chiar și atunci când circumstanțele nu sunt prea grozave.

CE SĂ CAUȚI LA UN PARTENER

Dacă alegem să ne petrecem viața alături de un partener, este esențial să cunoaștem cele mai importante calități pe care trebuie să le căutăm la el. Trebuie să avem grijă să nu urmăm pur și simplu emoțiile trecătoare sau atracția oarbă[19], deoarece aceste tipuri de sentimente sunt doar temporare și nu există nicio garanție că vor dura foarte mult timp. Când perioada de lună de miere a relației noastre se termină, s-ar putea să nu mai existe nimic care să ne țină împreună. Dacă, pe de altă parte, ne alegem partenerul pentru că are calitățile interioare potrivite, punem bazele unei iubiri mai puternice, mai durabile și ale unei vieți fericite împreună.

Acest lucru nu înseamnă că „scânteia" sau „chimia" nu sunt importante. De fapt, un anumit tip de energie poate fi simțit între un bărbat și o femeie cu polarități sexuale opuse, iar noi putem învăța să folosim aceste cunoștințe în avantajul nostru. Cel mai adesea, un bărbat cu o calitate masculină puternică, cu un puternic simț al direcției și al scopului, va fi atras de o femeie cu o calitate feminină puternică, care este motivată de dorința de a împărtăși iubire și energie cu ceilalți. Înțelegerea acestei polarități naturale poate aduce energie și pasiune într-o relație intimă. De asemenea, poate ajuta un cuplu să lucreze bine împreună în echipă și să rezolve multe dintre conflictele care apar.

Unii oameni simt o atracție imediată și de lungă durată unul față de celălalt, care trece dincolo de gândirea rațională și ajunge la un nivel mai profund de sentiment și intuiție, asemănător conceptului occidental de „suflete pereche". Cu toate acestea, acest tip instant de intuiție și sentiment de conexiune nu reprezintă, în general, o bază solidă pentru alegerea unui partener și este important să-l combinăm cu rațiunea. Prin urmare, este esențial să reflectăm cu atenție la calitățile interioare pe care le apreciem într-o relație, pentru a găsi un partener care să fie cel mai potrivit pentru noi.

Iată o listă de șaisprezece calități pe care să le iei în considerare, cu atenție, atunci când cauți un partener, începând cu cele mai esențiale:

A. Calități interioare

O inimă bună

Cea mai importantă calitate pe care trebuie să o căutăm este o inimă bună. Ar trebui să ne întrebăm dacă el sau ea este, în mod natural, o persoană iubitoare și plină de compasiune. Dacă partenerul nu are o inimă bună, indiferent de ce alte calități posedă, este puțin probabil să fii fericit alături de această persoană. Amintește-ți că orice se poate întâmpla între tine și partenerul tău, deoarece circumstanțele se pot schimba în orice moment. O relație în care ambii parteneri au o inimă bună va fi capabilă să facă față acestor schimbări în cel mai bun mod posibil.

Fidelitate

Următoarea cea mai importantă calitate este fidelitatea. Dacă tu și partenerul tău nu sunteți fideli unul celuilalt, multe tipuri de probleme sunt susceptibile să apară. Dacă nu puteți avea încredere deplină unul în celălalt, nici nu vă puteți iubi pe deplin.

Empatie

Aceasta se referă la un sentiment autentic de înțelegere și sensibilitate, de a fi capabil de a te pune în locul celuilalt și de a-i simți emoțiile și trăirile. Dacă acest lucru lipsește, vor apărea tot felul de conflicte și va fi dificil să le rezolvați.

Comunicare bună

Acest lucru este important deoarece, chiar dacă partenerul tău nu este în mod natural sensibil sau înțelegător, o bună capacitate de comunicare poate preveni neînțelegerile și poate face conflictele mai ușor de rezolvat. Aceasta include atât comunicarea verbală, cât și cea non-verbală. În acest fel, veţi putea să treceţi mai eficient de la „blocaj" la dialog. O bună comunicare vă poate ajuta, de asemenea, să lucraţi bine în echipă.

Onestitate

Fără onestitate, ne va fi foarte greu să avem încredere în cealaltă persoană. Este imposibil pe termen lung să ascundem ceva de partenerul nostru. Dacă află, riscăm să îi pierdem încrederea, indiferent de cât de sinceri suntem de obicei.

Credinţe şi interese similare

Este foarte important să aveţi convingeri şi interese similare. Dacă aveţi opinii religioase sau politice asemănătoare şi idei similare despre viaţă, va fi mai uşor să locuiţi împreună şi vă veţi putea cunoaşte mai îndeaproape. Având lucruri care vă plac şi lucruri care vă displac similare, este mai uşor să vă petreceţi timpul împreună, făcând lucrurile care vă plac, în loc să vă plictisiţi sau să vă enervaţi unul pe celălalt!

Ambiţii comune

Acest lucru este esenţial dacă vă propuneţi să realizaţi ceva împreună, cum ar fi să deţineţi o casă sau să vă întemeiaţi o familie. Fără obiective cel puţin similare, este uşor să renunţăm la jumătatea drumului şi să nu reuşim să realizăm lucrurile pe care ni le-am propus.

Inteligenţă

Această calitate este importantă dacă vrem să navigăm eficient prin perioadele dificile din viaţă şi atunci când ne confruntăm cu decizii majore. Cu ajutorul unui partener inteligent este mai probabil să luăm decizii înţelepte.

Pragmatism

Este foarte util să ai în preajmă o persoană practică atunci când vine vorba de nevoile de zi cu zi, cum ar fi finanțele și alte probleme de familie. Uneori suntem reticenți în fața realităților vieții, copleșiți de situația noastră, sau preferăm să ne imaginăm lucruri. O persoană practică ne poate ajuta să revenim cu picioarele pe pământ.

B. Alte lucruri importante de luat în considerare atunci când cauți un partener

Sănătate bună

Dacă alegem un partener pe baza atracției fizice sau a emoțiilor trecătoare și nu luăm în considerare calitatea sănătății sale, s-ar putea să fim dezamăgiți dacă partenerul nostru nu se simte bine permanent și să ne simțim împovărați să avem grijă de el. Totuși, privit în alt mod, acest lucru poate reprezenta o oportunitate excelentă de a dezvolta toleranța și compasiunea.

Educație și carieră bune

O minte antrenată și orientată spre realizări poate fi de ajutor în rezolvarea problemelor care apar în viață. Cu toate acestea, în general, punem prea mult preț pe educație și pe realizările profesionale, considerându-le simboluri ale unui statut înalt sau ale unei poziții bune în societate. Ar trebui să ne asigurăm că nu alegem un partener cu statut înalt doar pentru „a ne da mari" - acest lucru ne va cauza nefericire pe termen lung.

Context cultural similar

Dacă doi oameni au un mediu cultural similar, obiceiurile lor vor fi similare, astfel încât le va fi mai ușor să se înțeleagă între ei. Cu toate acestea, un fond cultural similar nu este imperativ, deoarece obiceiurile pot fi schimbate. Ceea ce este mai important este ca amândoi să fie dispuși să învețe și să se adapteze unul la celălalt, în loc să rămână încăpățânați în propriile lor obiceiuri.

Angajament familial

Adesea credem că mariajul sau familia ne vor face fericiți. Dacă avem o familie unită și grijulie, în care iubirea este împărtășită necondiționat, vom avea un mare avantaj în viață. Cu toate acestea, dacă nu reușim să dezvoltăm apropierea și grija în cadrul familiei, sau nu reușim să ne învățăm copiii autodisciplina, viața de familie poate fi plină de conflicte.

Frumusețe

Acest lucru este mult mai jos poziționat pe listă decât și-ar putea imagina majoritatea oamenilor, atunci când se gândesc la ceea ce este important la un partener. În același mod în care am putea fi mândri să avem un partener cu o carieră bună, am putea crede că a avea un partener frumos ne va face să ne simțim bine în pielea noastră, sau că o să-i impresionăm pe ceilalți. Din păcate, alegerea de a fi cu cineva doar pentru că arată atrăgător poate duce la gelozie, nesiguranță și, în cele din urmă, la nefericire atunci când atracția inițială a dispărut. Amintește-ți, de asemenea, că frumusețea este în ochii privitorului. Dacă dezvoltăm o dragoste autentică pentru partenerul nostru, îl vom vedea ca fiind frumos, indiferent de cum arată.

Bogăție

Alegerea unui partener cu o situație financiară bună ne poate ajuta să avem o viață confortabilă, să ne facem mulți prieteni și să scăpăm de stresul poverii financiare. În cele din urmă, însă, în sine, acest lucru nu aduce fericire și pace. Bogăția poate chiar să creeze mai multe probleme și să ne răpească libertatea, mai ales dacă nu o folosim în mod corect sau dacă considerăm că ni se cuvine. Prin urmare, cât de bogați suntem nu este la fel de important precum capacitatea noastră de a folosi bogăția pe care o avem într-un mod înțelept sau plin de compasiune.

Vârstă

Unii oameni cred că vârsta este un factor important de luat în considerare, deși nu este nici pe departe atât de important pe cât ar spune mulți. Dacă dezvoltați o încredere și o dragoste autentice și aveți un nivel similar de înțelepciune, nu există nicio problemă cu o diferență mare de vârstă. Cu toate acestea, o diferență semnificativă (de exemplu, atunci când o nouă soție este mai tânără decât fiica dintr-o relație anterioară), înseamnă adesea că există așteptări și perspective diferite asupra vieții. Acest lucru poate duce la conflicte, astfel încât, uneori, este mai bine să se evite o discrepanță de vârstă atât de mare.

Atunci când ne căutăm un partener, toate aceste calități trebuie cântărite cu atenție. Ar trebui să alegem un partener care posedă mai multe dintre calitățile bune care apar mai sus pe listă (cele mai importante), și cu care ne simțim confortabil lucrând împreună ca o „echipă". Cu toate acestea, cel mai crucial factor este intenția noastră de a oferi iubire pură și de a avea grijă de cealaltă persoană. Dacă ne uităm la calitățile celeilalte persoane doar pentru a ne satisface propriile nevoi sau pentru a ne crea o imagine bună, este posibil ca așteptările noastre să nu fie îndeplinite și să apară probleme.

De asemenea, este esențial să te simți confortabil și să fii tu însuți în preajma partenerului tău, mai degrabă decât să încerci să corespunzi așteptărilor lui. Cu alte cuvinte, ești dispus să fii sincer și deschis în legătură cu totul. Deși poate fi nevoie de puțin exercițiu, este posibil să creați un spaţiu în care amândoi nu aveţi nimic de ascuns şi în care adevărata intimitate poate înflori, în mod natural şi spontan.

FERICIREA ÎN RELAŢIE

Un tânăr care era căsătorit de câţiva ani a venit la bunicul său pentru un sfat. Era nefericit în căsnicie, a spus el, şi dorea să pună capăt acesteia. Bunicul i-a spus tânărului că ar trebui să aştepte două luni şi în acest timp să-şi trateze soţia ca pe o prinţesă perfectă. Deşi tânărul nu a fost încântat de acest lucru, a fost de acord. Două luni mai târziu, bunicul l-a întrebat pe tânăr dacă mai intenţiona să divorţeze de soţia sa. „Divorţ?" a exclamat tânărul, părând surprins. „De ce aş vrea să fac asta? Sunt căsătorit cu o prinţesă perfectă!".

Povestea ne arată că modul în care ne percepem situaţia depinde de felul în care ne formăm atitudinea mentală. Dacă ne antrenăm să credem că partenerul nostru este un prinţ sau o prinţesă, atunci aceasta poate deveni realitatea noastră. Indiferent de situaţia în care ne aflăm, cea mai bună condiţie pentru o relaţie fericită şi sănătoasă este să ne considerăm partenerul ca fiind preţios şi să avem grijă de el în cel mai bun mod posibil.

Totuşi, acest lucru nu presupune că putem face ca orice relaţie să funcţioneze perfect, dacă doar ne străduim suficient. Mai degrabă, scopul nostru ar trebui să fie acela de a crea o situaţie în care gândurile şi sentimentele pozitive, pe care le avem unul pentru celălalt, să le depăşească cu mult pe cele negative (care apar în orice cuplu). Aceasta este ceea ce face ca cei doi să se înţeleagă, să se onoreze, să se respecte unul pe celălalt şi relaţia lor mult mai bine, şi atunci putem spune că un astfel de cuplu este „inteligent din punct de vedere emoţional"[20].

Când suntem într-o relaţie, este important să fim flexibili şi dispuşi să schimbăm unele dintre obiceiurile personale, care nu-i plac partenerului nostru. De asemenea, trebuie să învăţăm cum să acceptăm obiceiurile partenerului nostru, chiar dacă sunt enervante și necesită multă răbdare și iertare din partea noastră. Adesea, trebuie să apelăm mai mult la răbdare și iertare pe măsură ce ne adâncim într-o relație, deoarece euforia și „strălucirea" inițială dispar de obicei la un moment dat și, inevitabil, începem să observăm defectele. În unele cazuri, nu avem nevoie doar de răbdare și iertare, ci și de o mare pricepere în a ajuta cealaltă persoană să-și depășească slăbiciunile.

În cultura budistă tibetană, un profesor spiritual evidențiază întotdeauna slăbiciunile unui elev și uneori chiar le exagerează până la umilință, dar acest lucru se face doar elevilor care au cel mai mare potențial. Această tehnică înseamnă de obicei dezastru într-o relație personală și, chiar dacă avem cele mai bune intenții, ar trebui să ne amintim că o confruntare directă rareori funcționează, cu excepția cazului în care suntem foarte pricepuți în tehnica noastră, sau relația noastră are o bază foarte solidă. În plus, înainte de a încerca să ne ajutăm partenerul cu slăbiciunile sale, trebuie să ne înțelegem pe deplin propriile slăbiciuni și cât de dificil este să le depășim.

Trebuie să ținem cont de faptul că este ușor să atribuim comportamentul altei persoane greșelilor sale personale, când de fapt acesta se datorează altui lucru. Ar trebui să încercăm să evităm acestă greșeală ori de câte ori este posibil, deoarece, de fapt, doar ghicim sau ne imaginăm de ce cealaltă persoană se comportă într-un anumit fel. În schimb, este necesar să comunicăm bine și să clarificăm motivul pentru care se comportă așa, punându-ne în locul ei. Cu toate acestea, nu te aștepta să auzi ceea ce dorești să auzi. Fii pregătit să auzi orice și ai răbdare, cu hotărârea de a rezolva problema indiferent de dificultatea sau timpul necesar. Dacă partenerul tău pare irațional sau nerezonabil, amintește-ți că aceasta nu este realitatea inimii. Lasă înțelepciunea și conștiința plină de compasiune să te ghideze către cea mai bună cale de acțiune. De cele mai multe ori se poate găsi o soluţie sau un compromis, însă, dacă nu este cazul, poate fi necesar să accepţi ceea ce nu poate fi schimbat.

Deloc surprinzător, aceste principii se aplică nu numai în relaţia cu partenerul, ci oricărei relaţii - cu familia, prietenii, partenerii de afaceri sau vecinii. Sursa primară a conflictelor este concentrarea prea mare asupra propriei persoane şi lipsa de consideraţie pentru celălalt. Acest lucru este, însă, rareori intenţionat. Suntem cu toţii conştienţi de faptul că nu este de dorit să fim egoişti, în timp ce a fi atent şi grijuliu este bine. Totuşi, avem un obicei adânc înrădăcinat de a ne concentra asupra sinelui, derivat parţial din cultura şi educaţia noastră. Singura modalitate de a depăşi acest obicei este de a face să strălucească lumina conştientizării asupra acţiunilor noastre de-a lungul zilei, reflectând cu atenţie asupra modului în care gândim, vorbim şi acţionăm. Suntem atenţi sau grijulii? Ne putem îmbunătăţi acţiunile în vreun fel? Putem spune că acţionăm într-un mod care este „matur din punct de vedere emoţional"? Treptat, putem descoperi o persoană care este mai puţin egocentrică, mai plină de compasiune şi mai plăcută.

ÎNDRĂGOSTIREA ŞI INIMILE FRÂNTE

Am discutat pe larg despre calităţile importante pe care ar trebui să le cântărim atunci când ne alegem un partener, mai degrabă decât să alegem pe cineva doar pentru că „ne-am îndrăgostit". Deşi acesta poate părea un concept ciudat pentru mulţi oameni din lumea modernă, cred că multă durere şi suferinţă emoţională pot fi evitate, dacă învăţăm să privim subiectul iubirii dintr-o perspectivă mai matură şi mai întemeiată.

Este cu siguranţă adevărat că dragostea romantică poate fi cel mai exaltant şi plăcut sentiment pe care îl poate experimenta oricare dintre noi. Oricine poate împărtăşi această stare uimitoare de fericire, indiferent de statutul său social, de credinţă sau cultură, sau dacă este bogat sau sărac. Cu toate acestea, există şi o latură întunecată a iubirii romantice. Putem crede că iubirea va dura pentru totdeauna, dar nu este întotdeauna așa. Fericirea iubirii romantice se poate epuiza după câteva luni sau ani, iar cele două persoane, care altădată nu puteau suporta să fie despărțite, se pot trezi brusc geloase, furioase sau deprimate. În plus, sentimentele de atracție pot fi neîmpărtășite, iar acest lucru poate duce, de asemenea, la o inimă frântă, de neconsolat. Cum putem învăța să prevenim sau să facem față acestor situații?

Dacă sentimentul inițial care vine odată cu îndrăgostirea ar dura pentru totdeauna și ar genera mereu fericire, ar fi complet rezonabil să ne alegem un partener de viață pe baza iubirii romantice. Cu toate acestea, pentru mulți oameni, acest sentiment durează doar o scurtă perioadă de timp și se termină în nefericire, sau chiar disperare. Adesea, persoana pe care o iubesc nu simte același lucru pentru ei și se simt neputincioși în fața dorinței intense și incontrolabile pe care o au pentru persoana iubită. Eu nu înțeleg pe deplin de ce oamenii cred că îndrăgostirea este în afara controlului lor. Desigur, recunosc că îndrăgostirea este o emoție foarte puternică, însă orice emoție, indiferent care ar fi ea, este creată de mintea noastră. Din acest motiv, ar trebui să fim capabili să ne antrenăm mintea pentru a face față unor astfel de emoții într-un mod mai constructiv.

Cred că multe dintre convingerile noastre despre iubire au o bază culturală și mi se pare ciudat că în literatura sau psihologia occidentală nu există sfaturi specifice care să îi învețe pe oameni cum să controleze îndrăgostirea. Literatura, cântecele și poezia occidentală redau foarte bine sentimentele extatice și captivante ale iubirii romantice, dar și disperarea care vine odată cu o inimă frântă, însă există foarte puține sfaturi despre cum să ne revenim după o inimă frântă, sau cum să prevenim, în primul rând, acest lucru. Mai degrabă, literatura și poezia par să întărească atitudinea conform căreia îndrăgostirea este ceva complet în afara controlului nostru și că este în natura umană să fim sclavii acestor emoții. Poate că ar fi mai benefic să ne întrebăm cum putem controla aceste sentimente, deoarece îndrăgostirea nu se termină întotdeauna cu fericire și poate chiar consolida atitudinile negative, posesive. Lăsate necontrolate, putem deveni captivii acestor atitudini.

După ce am recunoscut latura întunecată a iubirii romantice, ce putem face în această privință?

În primul rând, atunci când cauți un partener, poate fi foarte util să ții cont de calitățile interioare pe care acesta le poate avea sau nu. Chiar dacă la început nu sunt atrăgători din punct de vedere fizic, dacă sunt bogați în calități interioare, vor deveni mai atractivi cu timpul, pe măsură ce dragostea pe care o împărtășiți va crește. Pe de altă parte, dacă atracția fizică este singura bază a iubirii voastre, aceasta poate ascunde caracteristicile interioare ale partenerului, iar „frumusețea" lui poate dispărea pe măsură ce problemele ies la suprafață.

În al doilea rând, ar trebui să ne dăm seama că dragostea romantică conține aproape întotdeauna un element de atașament, care ne poate întuneca judecata și poate duce mai târziu la suferință. Recunoașterea acestui lucru este esențială atunci când ne căutăm un partener. Este ca și cum am fi purtați în aval de un râu și ne-am agăța de niște trestii de pe malul râului, crezând că vom putea urca pe mal. Cu toate acestea, trestiile se rup pentru că nu sunt bine înrădăcinate pe mal, iar noi suntem purtați din nou de râu. În mod similar, am putea crede că o relație ne va aduce fericire de durată, însă dacă nu există o bază de iubire necondiționată, rareori va funcționa așa. Acest lucru nu înseamnă, totuși, că orice relație bazată pe iubire romantică este sortită eșecului. Dacă o relație este construită pe respect sincer și iubire necondiționată, atunci îndrăgostirea poate duce la fericire de durată.

Se poate întâmpla să fim într-o relație și să realizăm, brusc, că avem foarte puține lucruri în comun cu partenerul nostru. În acest caz, poate fi mai bine să recunoaștem aceste diferențe și să acceptăm să fim practici și să trecem mai departe, mai ales dacă am încercat din greu să găsim un compromis şi nu se poate ajunge la niciunul. Deşi acest lucru poate părea un pic nebunesc, dacă ai dragoste adevărată şi compasiune pentru el, te vei bucura dacă este fericit, chiar dacă nu vrea să fie cu tine. Îţi vei da seama că acest lucru este adevărat dacă vei învăţa cu sinceritate să te pui în locul lui şi să consideri starea lui de bine mai presus de a ta.

Ar mai fi un singur lucru de spus în legătură cu îndrăgostirea. Am auzit în Occident o vorbă, care spune că oamenii se îndrăgostesc şi apoi trăiesc „fericiţi până la adânci bătrâneţi". Să pretindem, pentru o clipă, că acest lucru este cel puţin parţial adevărat şi că un cuplu se îndrăgosteşte şi apoi amândoi trăiesc fericiti împreună. În cele din urmă, însă, unul dintre ei va muri. Desigur, ştim că aceasta este realitatea vieţii, iar această realitate a impermanenţei este cea pe care trebuie să o acceptăm şi cu care trebuie să ne confruntăm, dacă vrem cu adevărat să găsim fericirea. Voi vorbi mai mult despre acest lucru mai târziu în carte, dar, deocamdată, este suficient să realizăm că îndrăgostirea, ca orice altceva în viaţa noastră, este impermanentă - şi s-ar putea să fie mult mai impermanentă decât multe alte lucruri!

MULTELE ŞI DIFERITELE FEŢE ALE IUBIRII

Există, de fapt, multe forme diferite de iubire, iar iubirea romantică este doar un exemplu dintre acestea. Iubirea este ceva ce toate fiinţele umane au capacitatea de a experimenta, indiferent de limba, cultura sau credinţele lor. Chiar dacă experienţele noastre cu iubirea sunt limitate, avem totuşi o idee despre ce înseamnă cuvântul „iubire", dar, cuvântul evocă în fiecare dintre noi o viziune diferită despre ce este iubirea sau cum ar trebui să fie.

Putem vorbi despre cinci tipuri principale de iubire, pe care majoritatea le-am experimentat până la această vârstă: iubirea părintească, iubirea romantică, iubirea afectuoasă, iubirea posesivă şi iubirea plină de compasiune.

Fiecare dintre acestea are un accent sau o valoare uşor diferită, însă toate împărtăşesc acelaşi potenţial de iubire plină de compasiune. Aceasta este forma supremă de iubire, deoarece fericirea de durată este obţinută doar prin cultivarea acestei calităţi. Poate fi extrem de util să analizăm valoarea şi neajunsurile acestor diverse forme de iubire, deoarece, o astfel de conştientizare ne poate ajuta să identificăm modul în care iubirea pe care o avem pentru ceilalţi poate fi transformată în ceva şi mai valoros şi semnificativ.

1. **Iubirea părintească**

   Aceasta este adesea cunoscută sub numele de „iubirea mamei" şi descrie dragostea unei mame pentru copilul ei. În lumea modernă putem vorbi şi de „iubirea tatălui". Acest tip de iubire este impregnat de răbdare, toleranţă, grijă şi protecţie. Este adesea considerată „necondiţionată", dar, în realitate, nu este întotdeauna aşa. Iubirea părintească este de obicei puternică şi constantă, durează adesea o viaţă întreagă şi, cu siguranţă, nu se bazează pe atâtea condiţii precum alte forme de iubire. Ea aduce bucurie şi atenţie, dar uneori şi un sentiment de posesivitate, care poate cauza multă durere pe măsură ce copiii noştri se luptă pentru independenţă şi ne dăm seama că avem foarte puţin control asupra modului în care ei aleg să acţioneze. Dacă ar fi să ne gândim la iubirea părintească în termeni de procente, am putea avea 50% compasiune şi grijă, 20% posesivitate şi aproximativ 30% ataşament.

2. **Iubirea romantică**

   Această formă puternică şi emoţională de iubire se manifestă ca atracţie, pasiune şi adoraţie. Aşa cum am menţionat mai sus, iniţial aduce o mare bucurie, mândrie şi forţă interioară. Uneori se manifestă ca iubire plină de compasiune, dar de obicei este impregnată de o atitudine egocentrică şi posesivă. De exemplu, putem fi absorbiți de atașamentul față de felul în care se prezintă o persoană, de aspectul, reputația sau de imaginea ei, ceea ce duce la posesivitate, gelozie sau anxietate. Prin urmare, aceasta este aproape întotdeauna o formă condiționată de iubire și rareori este de lungă durată, mai ales dacă relația noastră se bazează doar pe sentimente superficiale.

Dragostea romantică conține, în general, aproximativ 30% mândrie, 20% posesivitate, 30% atașament și 20% grijă și compasiune. Atât timp cât gelozia, posesivitatea și atitudinile egocentrice predomină, această formă de iubire este condiționată și nesigură. Cu toate acestea, cu o proporție mai mare de grijă și compasiune, preocupările egocentrice se vor evapora și poate fi experimentat un sentiment mai profund de fericire. În acest fel, iubirea romantică poate deveni necondiționată.

3. **Iubirea afectuoasă**

Această formă de iubire evocă sentimente de afecțiune de față de alte ființe vii, cum ar fi copiii, animalele și animalele de companie. Putem, de asemenea, să simțim acest lucru atunci când suntem implicați în natură, artă, muzică, sau în orice altceva care inspiră astfel de sentimente. Experiența de căldură emoțională care vine odată cu iubirea afectuoasă este de obicei însoțită de un sentiment de bucurie sinceră, iar acest lucru nu depinde de nicio condiție specifică. Mai degrabă, este asociată cu sentimente precum ocrotirea, blândețea și gentilețea. Iubirea afectuoasă conține, în general, aproximativ 10% mândrie și posesivitate, 20% atașament, 30% compasiune și 40% grijă.

4. **Iubirea posesivă**

Această formă de iubire este asociată cu stări de spirit negative sau distructive, precum dorința, invidia, mândria sau sentimentele care sunt doar superficiale. Un exemplu ar fi iubirea anumitor obiecte din vanitate sau din dorința de autogratificare. Această formă de iubire conține aproximativ 50% posesivitate și mândrie, 30% agățare, 20% grijă și aproape deloc compasiune.

5. **Iubirea plină de compasiune**

Aceasta se referă la înțelegere, empatie și grija autentică, sau în care aceste calități se regăsesc într-o proporție ridicată. Este un sentiment de iubire și grijă față de toate ființele vii, la fel cum simți pentru tine însuți și nu înseamnă pur și simplu să simți milă sau simpatie față de cei care suferă. Este mai degrabă o grijă autentică, necondiționată și nepărtinitoare pentru toate ființele, indiferent de aspectul, statutul sau circumstanțele lor.

Capacitatea noastră de a manifesta iubirea plină de compasiune variază enorm. Cred că toată lumea are în mod natural datoria de a dezvolta această calitate, deoarece este în interesul nostru și al celorlalți să procedăm astfel. În special, aceasta poate duce la grade mai înalte de fericire și fermitate, ne poate ajuta chiar să atingem iluminarea. Cultivarea iubirii pline de compasiune necesită în mod normal un grad ridicat de reflecție și de antrenament al minții. Cu toate acestea, oamenii excepționali o au în mod natural în inimile lor.

Cea mai bună compasiune ar trebui să fie combinată cu înțelepciunea. Grija noastră pentru ceilalți poate deveni atunci autentică, clară și indestructibilă. Dacă ne bazăm doar pe compasiune sau milă, este dificil să găsim o soluție care să îi avantajeze cu adevărat pe ceilalți. Mai degrabă putem ajunge să ne simțim descurajați că acțiunile noastre nu sunt cu adevărat eficiente, iar compasiunea noastră se poate diminua și mai mult.

Deci, cum putem dezvolta iubirea plină de compasiune? Poate fi extrem de util să identificăm ce forme de iubire sunt prezente în relațiile noastre și apoi să ne străduim să creștem proporția de compasiune, respect și recunoștință, reducând în același timp proporția de atașament, obsesie de sine și mândrie. Multe aspecte ale vieții noastre de zi cu zi sunt influențate de o cultură care nu reușește să sublinieze importanța iubirii pline de compasiune. Prin urmare, este esențial să o practicăm cu partenerul, familia și cu cei mai apropiați de noi. Pornind de la această bază, putem extinde iubirea necondiționată către toate ființele vii, cu încrederea că acest lucru va duce la o minte mai puternică și la o viață mai fericită.

Din fericire, există multe modele minunate de urmat pentru practicarea acestei forme de iubire. În tradiția budistă, aceștia sunt cunoscuți sub numele de *Bodhisattva*, ființe care întruchipează iubirea necondiționată, fără limite, pentru toate ființele vii. Astfel, indiferent de ceea ce fac, viețile lor sunt pline de bucurie. Compasiunea Bodhisattva este atunci când compasiunea autentică este îmbinată cu înțelepciunea, și este cunoscută și sub numele de „compasiune războinică", ceea ce înseamnă că nu există circumstanțe care să o distrugă sau care să te facă să renunți la această calitate. Toată lumea ar trebui să aspire să aibă această compasiune, deoarece fără ea nu vom depăși niciodată complet suferința. Avem cu toții potențialul de a atinge această calitate și, prin urmare, ar trebui să ne străduim să o cultivăm, indiferent de obstacolele din calea noastră.

REALIZAREA OBIECTIVELOR ȘI TĂRIA DE CARACTER

Indiferent de stadiul în care ne aflăm în viață, este important să avem obiective, deși acest lucru este extrem de important mai ales atunci când suntem tineri și avem atât de mult potențial pentru a ne dedica atingerii lor. Obiectivele pot fi atât temporare, cum ar fi finalizarea unui program de studiu, cât şi pe termen lung, cum ar fi o descoperire importantă sau dezvoltarea spirituală. De asemenea, obiectivele trebuie să merite efortul depus pentru atingerea lor. De exemplu, cumpărarea unei case sau a unei bărci scumpe nu ne va ajuta, în cele din urmă, să fim fericiţi în viitor, însă un obiectiv care implică ajutorarea altor oameni ne va aduce beneficii atât nouă înşine, cât şi celorlalţi. Fără obiective realiste şi valoroase, ne trăim viaţa precum un copil sau ca un vis şi riscăm să plutim în derivă, să nu ştim niciodată în ce direcţie ne îndreptăm şi să nu ne realizăm potenţialul de a avea un impact în lume.

Dacă ne-am stabilit deja cel puţin câteva obiective în viaţă, este minunat! Acesta este un prim pas crucial, în timp ce al doilea pas este încercarea de a îndeplini aceste obiective. Calităţile mentale pe care trebuie să le cultivăm pentru a face acest lucru includ ambiţia şi sârguinţa entuziastă. Fără acestea, orice obiectiv devine doar o fantezie.

De asemenea, este important să avem o credinţă puternică în capacitatea noastră de a ne atinge obiectivele pe care ni le-am propus. Dacă nu avem convingerea totală în capacitatea noastră de a reuşi, vor exista şanse mari să renunţăm atunci când apar circumstanţe descurajante. Dacă, pe de altă parte, avem o puternică încredere în noi înşine, atunci, indiferent de obstacolele care ne stau în cale şi de câte ori eşuăm, vom continua să încercăm şi vom avea şanse mari să reuşim în cele din urmă.

Capacitatea de a persevera indiferent de obstacolele cu care ne confruntăm se reduce, în cele din urmă, la tăria de caracter. Piatra de temelie a unui caracter bun şi puternic este o combinaţie de încredere în sine, disciplină şi forţă mentală, împreună cu un grad ridicat de pace interioară. Unii oameni se nasc cu aceste trăsături, deşi cei mai mulţi dintre noi trebuie să muncim din greu pentru ele, având grijă să nu dezvoltăm una în detrimentul celeilalte! Prin aceasta vreau să spun că este important să implicăm înţelepciunea în modul în care ne dezvoltăm caracterul. De exemplu, atunci când încercăm să ne dezvoltăm încrederea în sine, putem cădea pradă mândriei sau chiar a aroganței, sau atunci când încercăm să ne dezvoltăm pacea interioară, putem ajunge să ne complacem.

Este important să ne monitorizăm în permanență atât gândurile, cât și acțiunile, și să folosim înțelepciunea în direcția pe care o luăm, atât în exterior, cât și în interior. Aici este foarte util să avem un mentor, sau un profesor spiritual, care să ne ghideze în dezvoltarea calităților noastre mentale. Nu contează dacă acest „mentor" are sau nu un trecut religios, sau un nivel ridicat de educație, esențial este ca el, sau ea, să fie familiarizat cu calitățile bune pe care le-am menționat anterior.

A FI MULȚUMIT DE SINE VERSUS A FI MULȚUMIT

În acest punct, aș dori să vorbesc puțin mai mult despre mulțumirea de sine. Am menționat deja că, atunci când vorbim despre cultivarea mulțumirii, uneori oamenii confundă acest lucru cu compalcerea. Ce vreau să spun prin aceasta? Să luăm, de exemplu, pe cineva care aude că pentru a atinge fericirea trebuie să ne cultivăm calitățile interioare bune și să învățăm să fim mulțumiți cu ceea ce avem, în loc să ne dorim mereu mai mult. Cu excepția cazului în care avem o bună înțelegere și înțelepciune, sau un profesor bun, am putea crede că tot ceea ce trebuie să facem este să avem o atitudine pozitivă și să nu ne facem griji pentru nimic. Din păcate, acest lucru ne face în mod normal să ne pierdem concentrarea și să devenim dezorganizați. Aceasta este ceea ce eu înțeleg prin mulțumirea de sine.

O atitudine de mulțumire de sine nu ne va ajuta să atingem fericirea. Cu toate că a avea o perspectivă relaxată și calmă poate fi uneori benefică, putem cădea în extrema nepăsării sau a lipsei de voință. Deși este important să fim mulțumiți de situația în care ne aflăm, este de asemenea esențial să realizăm potențialul pe care îl avem de a ne schimba situația prin depunerea unui mic efort. Este posibil să fim mulțumiți de ceea ce avem și de situația în care ne aflăm și, în același timp, să depunem toate eforturile pentru a ne atinge obiectivele. Pentru a da un exemplu, dacă suntem limitaţi la a face duşuri reci pentru că sistemul de apă caldă s-a stricat, putem fi „mulţumiţi" cu duşurile reci pentru moment şi să nu lăsăm ca acest lucru să ne tulbure liniştea mentală - dar asta nu înseamnă că nu vrem să reparăm situaţia! Dacă suntem prea mulţumiţi, atunci pierdem multe oportunităţi, iar potenţialul nostru de a ne îmbunătăţi poate rămâne nedescoperit.

În timp ce căderea în mulţumirea de sine este o extremă care ne îndepărtează de adevărata mulţumire, cealaltă extremă este incapacitatea de a fi mulţumiţi de situaţia noastră. Indiferent cât de bune pot părea circumstanţele noastre externe, dacă suntem mereu nemulţumiţi, vom dori mereu mai mult şi nu vom reuşi să apreciem ceea ce avem deja. Această atitudine este adesea înrădăcinată într-o mentalitate de competitivitate şi invidie, care ne face să dorim să fim mai buni decât alţii, sau mândri de propriile noastre realizări. Din păcate, acest lucru este adesea încurajat de societatea în care trăim.

Am citit recent un raport revelator care descria un sondaj în care oamenii erau rugaţi să răspundă la următoarea întrebare: Aţi prefera să aveţi un loc de muncă în care să câştigaţi 100.000 de dolari pe an şi toţi ceilalţi să câştige 80.000 de dolari, sau aţi prefera un loc de muncă în care să câştigaţi 150.000 de dolari pe an, în timp ce ceilalţi de la locul dumneavoastră de muncă să câştige 200.000 de dolari? Răspunsul mi s-a părut evident, că majoritatea oamenilor ar dori să câştige mai mulţi bani. Cu toate acestea, majoritatea oamenilor au ales să câştige mai puţini bani, atât timp cât câştigau mai mult decât colegii lor!

Cred că acest lucru oferă o perspectivă importantă asupra naturii umane - faptul că ne place să fim mai buni decât alţii şi suntem nemulţumiţi atunci când nu suntem. Cu toate acestea, dacă credem că un milion de dolari ne-ar face fericiţi şi ajungem în cele din urmă la acest obiectiv, nu vom găsi neapărat fericirea atunci când îl vom atinge. În schimb, am putea crede că avem nevoie de două milioane, cinci milioane, sau chiar de zece milioane de dolari pentru a fi fericiți! Este rar să găsim adevărata satisfacție atunci când mintea noastră este concentrată pe acumularea de bogății materiale.

Dacă am folosi timpul pe care îl dedicăm câștigării de bani pentru a dezvolta autodisciplina și mulțumirea în mintea și inima noastră, timpul nostru ar putea fi mai bine folosit. Descoperind bogăția mulțumirii, am fi fericiți tot timpul, pentru că am găsit o adevărată sursă de bogăție. În plus, este mai probabil să fim sănătoși, deoarece o minte mulțumită aduce pace și, după cum arată acum multe studii științifice, o minte liniștită este necesară pentru un corp sănătos. O minte sănătoasă, lipsită de stres, de exemplu, poate duce la reducerea tensiunii arteriale și a ritmului cardiac, la îmbunătățirea funcției imunitare și la beneficii într-o gamă largă de afecțiuni[21], inclusiv boli de inimă, diabet și cancer. Așadar, mulțumirea nu este bună doar pentru minte, ci și pentru corp.

CE ESTE ȘI DE CE SĂ ALEGEM COMPASIUNEA

Toată lumea cunoaște cuvântul „compasiune" și este de acord că este un lucru bun. Atunci de ce ne luptăm să o obținem? Deși oamenii pot să menționeze compasiunea aproape zilnic, societatea noastră ne încurajează să ne concentrăm în primul rând asupra noastră și, deși putem auzi despre empatie și compasiune, de obicei nu suntem instruiți pentru a dezvolta aceste calități sau abilitățile de a le menține. Chiar dacă auzim ocazional despre avantajele practicării compasiunii, doar uneori îi înțelegem adevărata semnificație și rareori apreciem beneficiile pe termen scurt și lung pe care aceasta le poate aduce.

Mulți oameni cred că compasiunea se aplică doar situațiilor în care cineva suferă și că aceasta înseamnă să te simți trist și nefericit pentru acea persoană. Este important să ne pară rău pentru cineva care suferă și este un prim pas bun, dar suntem departe de compasiunea autentică, care apare atunci când suntem complet pregătiți să acționăm pe baza acestui sentiment. Acest lucru nu înseamnă să ne facem pe noi înșine să suferim în locul altora, ci mai degrabă să ne pregătim mintea pentru a fi gata să înlăturăm suferința altor persoane, indiferent cât de dificil poate fi acest lucru. Apoi, putem să acționăm pe baza acestei motivații pentru a-i ajuta pe alții care suferă fizic sau poate încurajându-i să gândească în moduri mai ingenioase, dacă suferă mental. Având această calitate sau intenție pură în minte, vom fi binecuvântați cu un sentiment de pace interioară și reziliență, fiind mult mai puțin preocupați de propriile noastre probleme.

Compasiunea este o virtute foarte importantă, afirmație cu care majoritatea ființelor umane, religioase sau nu, sunt de acord, dar, dacă privim cu atenție, putem vedea că există multe niveluri diferite de compasiune.

Primul nivel este atunci când suntem mișcați văzând suferința altor persoane apropiate nouă. De exemplu, dacă un prieten de-al nostru este implicat într-un accident de mașină în urma căruia nu mai poate merge, sau dacă știm pe cineva care este pe moarte din cauza cancerului, suntem motivați să facem tot ce ne stă în putință pentru a-l consola și a-l face să se simtă mai bine.

Al doilea nivel este să fim mișcați de suferința tuturor ființelor umane, inclusiv a oamenilor din toate religiile și din toate categoriile sociale. Dacă auzim la știri despre un cutremur, chiar dacă nu cunoaștem victimele, am putea fi mișcați să facem tot ce putem pentru a le ajuta. Dacă auzim despre consecințele încălzirii globale, putem dezvolta compasiune pentru toți oamenii care vor fi afectați.

Următorul nivel este acela de a dezvolta compasiune pentru toate ființele, fără nicio prejudecată. Ne dăm seama că toate ființele, inclusiv dușmanii noștri și cei care fac rău, doresc să fie fericite și să evite suferința, la fel ca noi, și, prin urmare, simțim compasiune pentru ele similar cum simțim pentru cei apropiați nouă, înțelegând că nu sunt liberi de slăbiciunile lor. Nu doar ființele umane, ci și toate animalele, care au, de asemenea, capacitatea de a experimenta plăcerea și durerea, devin un obiect al compasiunii noastre. Astfel, dacă vedem un păianjen sau un țânțar, nu îl ucidem pur și simplu pentru că îl găsim iritant. În schimb, suntem pe deplin conștienți de dreptul său la viață.

Al patrulea nivel de compasiune se bazează pe înțelepciunea profundă, care ne face conștienți de cauzele esențiale ale suferinței, nu doar de suferința reală pe care o vedem în jurul nostru. Deși toate ființele vii își doresc să fie fericite, ne dăm seama că, prin ignoranță și acțiuni nechibzuite, ele își creează în mod continuu cauzele suferinței. De ce un alcoolic se îmbată și acționează iresponsabil, sau un hoț, ori un ucigaș, acționează în felul în care o fac? Deși am putea spune că sunt „dependenți", ei caută în continuare un anumit tip de satisfacție sau împlinire, dar creează suferință pentru ei înșiși și pentru alții prin acțiunile lor nechibzuite. Deoarece ei nu pot înțelege acest lucru, cauza principală a suferinței lor este ignoranța.

Oamenii bogați și faimoși nu sunt nici ei imuni la suferință. Ei suferă atunci când condițiile care le aduc norocul se epuizează. În plus, mereu au ceva de care să se îngrijoreze. Poate că sunt nemulțumiți de aspectul lor, sau geloși pe vreo nouă celebritate în vogă. De asemenea, au rude pentru care își fac griji, cum ar fi părinții în vârstă sau copiii lor. Prin urmare, indiferent cât de bună sau rea pare situația unei persoane, aceasta tot nu este scutită de suferință. Dacă ne gândim intens, vedem că, practic, toată lumea este continuu cuprinsă într-un fel de suferință, sau creează cauze pentru suferințe viitoare. Cu această înțelegere, compasiunea noastră devine și mai profundă.

În cele din urmă, cel mai înalt nivel de compasiune se bazează pe înțelegerea altruismului[22], ceea ce înseamnă că realizăm că totul este interdependent și nesubstanțial, nimic neexistând cu adevărat prin sine însuși. Aceasta este o idee extrem de importantă și profundă, care reprezintă esența filosofiei budiste. Pentru a avea o idee despre această înţelegere, imaginaţi-vă că putem citi gândurile unei persoane care visează şi care, după cum observăm, suferă cumplit într-un mediu infernal. Ştim că acesta este doar un vis pe care şi l-a creat în minte, dar persoana nu ştie acest lucru şi ne dorim mai mult decât orice altceva să îl trezim din vis, pentru că putem vedea direct potenţialul său incredibil de fericire, dacă ar putea realiza că visul nu este adevărat. Odată cu această înţelegere, va apărea spontan un nivel profund de compasiune.

Dintr-un alt punct de vedere, a înţelege altruismul înseamnă a realiza că nu există un „eu" şi un „celălalt" înnăscut. Pe măsură ce bariera dintre noi şi ceilalţi se topeşte, propria noastră fericire nu este mai importantă decât fericirea celorlalţi. Compasiunea pentru toate fiinţele apare atunci în mod natural. Acest lucru nu este uşor de înţeles pentru toată lumea, dar, din când în când, îl putem întrevedea prin experienţă directă.

Cum poate fi pusă în practică o înţelegere mai profundă a compasiunii în viaţa noastră de zi cu zi? Imaginaţi-vă că ne certăm pe neaşteptate cu cineva. S-ar putea să credem că este o persoană rea care greşeşte, iar noi avem dreptate şi în acel moment s-ar putea să simţim un sentiment puternic de separare între „eu" şi „celălalt". Cu toate acestea, dacă analizăm îndeaproape situaţia şi ne punem în locul acelei persoane, vom descoperi că există multe cauze şi condiţii pe care nu le-am luat în considerare atunci când am sărit la concluzia că adversarul nostru „a greşit". Vom descoperi mulţi factori care au contribuit la evenimentele care au condus la dispută. S-ar putea să descoperim că au avut o zi proastă, că şi noi suntem de vină, sau că există o mare neînţelegere la originea conflictului.

Atunci când apreciem că există întotdeauna o reţea vastă de factori interdependenţi în joc, vedem realitatea mult mai clar şi ne apropiem de înţelegerea adevărului despre altruism. Nu mai există niciun motiv pentru furie. În schimb, avem o empatie şi o răbdare naturale, realizând că şi noi şi ceilalţi dorim doar să fim fericiţi şi, prin urmare, orice conflict devine inutil.

Dacă înțelegem cu adevărat că fiecare ființă vie caută fericirea și încearcă să evite suferința *la fel ca noi*, atunci compasiunea noastră va fi stabilă și fără limite. Totuși, acest lucru este dificil de realizat, iar în practică compasiunea noastră va fi uneori limitată. Chiar dacă acesta este cazul, practicarea oricărui nivel de compasiune este totuși benefică. Amintiți-vă că poate dura mulți ani pentru a dezvolta un sentiment de compasiune cu adevărat stabil și lipsit de prejudecăți. De asemenea, trebuie să ținem cont de faptul că reala compasiunea nu este doar un sentiment de tristețe atunci când alții suferă, ci și o sensibilitate care ne permite să îi *înțelegem* pe ceilalți. Prin urmare, compasiunea și sensibilitatea aduc deschidere și apropiere de ceilalți.

GENEROZITATE, RĂBDARE ȘI RECUNOȘTINȚĂ

Un mod natural de a exprima compasiunea este să fim generoși, răbdători și să arătăm recunoștință pentru tot ceea ce avem. În special în perioada maturității timpurii, aceste acțiuni ne îndreaptă puternic către o viață fericită, împlinită și plină de sens.

A fi generos nu înseamnă să dăm toate bunurile noastre altora. Înseamnă să ne antrenăm pentru a evita lăcomia sau lenea și să fim pregătiți mental și dispuși să îi ajutăm pe alții prin oferirea de obiecte materiale, timp și alte forme de asistență atunci când este necesar. A fi generos înseamnă, de asemenea, a fi răbdător, a fi capabil să ierți și a renunța cu ușurință la furie sau resentimente.

Răbdarea înseamnă că atunci când cineva este supărat pe noi, sau ne tratează inacceptabil, nu reacționăm negativ, ci reacționăm cu calm, rațiune și compasiune. Aceasta presupune, de asemenea, persistența în atingerea obiectivelor noastre, chiar și atunci când ne confruntăm cu greutăți. Răbdarea nu înseamnă să așteptăm fără să facem nimic ca evenimentele să aibă loc, fără să căutăm soluții alternative, sau să acceptăm circumstanțele nefavorabile fără să încercăm să ne schimbăm situaţia. Aceasta ar fi complacere.

Sportivii îşi antrenează corpul cu multă răbdare şi sunt, în general, mult mai fericiţi decât cei care sunt leneşi. Beneficiile şi valoarea antrenării minţii noastre în răbdare şi generozitate vor fi mult mai mari decât cele obţinute de atleţi. Este deosebit de benefic să exersăm răbdarea şi generozitatea cu vorbirea şi prin acţiunile noastre în viaţa de zi cu zi. Putem dezvolta astfel un sentiment natural că avem mereu aceste calităţi. După un timp, a trăi în acest fel devine o imensă sursă de bucurie. Aminteşte-ţi că deşi pare că suntem răbdători sau generoşi în beneficiul altora, este dificil să prezicem cât de mult vor beneficia ei de acţiunile noastre. *Noi*, pe de altă parte, vom beneficia întotdeauna.

Cea mai mare parte a nemulţumirii şi a nefericirii pe care le experimentăm în viaţa noastră provine din lipsa de apreciere a lucrurilor preţioase pe care le avem deja. De exemplu, atunci când suntem sănătoşi, uităm să ne apreciem facultăţile mentale, capacitatea de a vedea şi de a auzi, sau capacităţile noastre fizice. Uităm să fim recunoscători pentru preţioasa noastră existenţă umană atunci când totul merge bine, însă când aflăm că avem cancer sau o altă boală gravă, realizăm brusc cât de norocoşi am fost. Toţi cei care suferă o traumă, sau au o boală, recunosc cât de preţioasă era sănătatea lor anterioară. Este mai bine să învăţăm să apreciem sănătatea în fiecare zi şi să experimentăm această fericire acum, decât să aşteptăm ca o nenorocire viitoare să ne înveţe această lecţie.

Dacă reflectăm cu atenţie, vom descoperi că există multe lucruri pentru care putem fi recunoscători. Totuşi, mai mult decât orice altceva, oamenii apropiaţi şi dragi nouă sunt cei care merită cu adevărat recunoştinţa noastră. Există o poveste din vremea lui Buddha care ilustrează acest lucru:

Buddha a întâlnit odată un negustor pe nume Sigala[23] pe care l-a văzut făcând plecăciuni pentru cele şase direcţii: est, vest, sud, nord, jos şi sus. Buddha l-a întrebat pe Sigala de ce făcea acest ritual, iar el i-a răspuns că tatăl său îi spusese să se încline în cele șase direcții în fiecare dimineață, deși nu știa care este scopul acestui lucru. Buddha a răspuns: „A face plecăciuni este o practică care poate aduce fericire, atât în prezent, cât și în viitor". El i-a spus lui Sigala că putea să contemple recunoștința față de părinții săi atunci când se înclina spre est și recunoștința față de profesorii săi atunci când se înclina spre sud. Înclinându-se spre vest, putea să contemple recunoștința pentru familia sa, iar înclinându-se spre nord putea să contemple recunoștința pentru prietenii săi. Înclinându-se pentru direcția în jos, putea să contemple recunoștința pentru colegii săi de muncă și, în cele din urmă, înclinându-se pentru direcția în sus, putea contempla recunoștința pentru toate persoanele înțelepte și virtuoase.

NECESITATEA DE A ANTRENA MINTEA PENTRU A DEZVOLTA CALITĂȚI INTERIOARE

Doresc să reiterez acum importanța unui efort sârguincios de a cultiva calitățile interioare care conduc la fericire, mai degrabă decât să ne bazăm pe factori care sunt externi și în afara controlului nostru. Toată lumea dorește să experimenteze fericirea permanent, însă acest lucru depinde de măsura în care suntem dispuși să cultivăm condițiile primare pentru fericire.

Nu este nimic greșit în a acționa pentru a atinge condițiile secundare ale fericirii, cum ar fi educația, cariera, relațiile sau vacanțele. Dar, cel mai important este să recunoaștem condițiile primare ale fericirii, care se găsesc în calitățile noastre mentale și să le practicăm cu adevărat. De ce se întâmplă acest lucru? În primul rând, este extrem de greu să facem ca toate circumstanțele noastre să fie perfecte și chiar dacă am reuși să obținem circumstanțele perfecte chiar acum, am putea deveni foarte curând nemulțumiți de ceea ce avem, dacă nu ne-am dezvoltat calitățile interioare.

Dacă nu ne-am dezvoltat recunoştinţa, putem fi orbi faţă de norocul pe care îl avem deja şi putem găsi foarte puţină fericire, chiar şi în cele mai norocoase circumstanţe. Dacă nu avem disciplină, ne putem plictisi uşor şi ne putem pierde concentrarea atunci când circumstanţele nu sunt pe placul nostru. Dacă nu ne-am dezvoltat răbdarea, ne vom pierde calmul şi liniştea sufletească atunci când ne confruntăm cu situaţii dificile. Prin urmare, cu cât depindem mai mult pentru fericirea noastră de circumstanţele externe decât de aceste calităţi interioare, cu atât devenim mai sensibili chiar şi la cele mai mici greutăţi. Devine un obicei să dăm o atenţie excesivă situaţiilor nefericite şi ne este dificil să apreciem şi să ne bucurăm de noroc atunci când ne iese în cale.

În general, antrenarea minţii noastre pentru a adopta noi calităţi mentale implică trei etape. În primul rând, trebuie să ne familiarizăm cu avantajele noului obicei pe care dorim să îl adoptăm şi cu dezavantajele vechilor obiceiuri pe care dorim să le abandonăm. Apoi, trebuie să ne angajăm într-un ritual de auto-reflecţie, petrecând perioade scurte şi regulate pe parcursul zilei familiarizându-ne cu noul obicei. În cele din urmă, trebuie să ne *interiorizăm* conştientizarea noului obicei, făcându-l o parte din noi, prezentă în mod constant. De exemplu, dacă dorim să ne îmbunătăţim compasiunea, putem reflecta la modul în care antrenarea minţii noastre în acest fel ne poate ajuta să ne dezvoltăm puterea interioară şi mulţumirea, precum şi să ne îmbunătăţim relaţiile cu ceilalţi. Apoi, ar trebui să ne luăm un angajament zilnic de a reflecta asupra compasiunii şi de a o practica ori de câte ori ni se oferă ocazia. Prin acest exerciţiu zilnic, pe o perioadă de luni sau ani, inimile noastre se vor „extinde" astfel încât compasiunea să devină o parte de neînlăturat a vieţii noastre.

Este uşor să credem că înţelegem ceva dacă pare să fie evident, sau are sens pentru noi. Cu toate acestea, minţile noastre sunt ca nişte frunze purtate de vânt în multe direcţii, iar a asculta sau a citi ceva o singură dată nu va fi suficient pentru a schimba modul în care gândim sau acţionăm.

Prin urmare, este esențial să reflectăm din nou și din nou asupra oricăror învățături pe care dorim să le aplicăm în viața noastră, indiferent cât de evidente par la început. De asemenea, trebuie să ținem cont de faptul că fericirea se obține treptat, clipă de clipă și experiență de experiență. Ea nu va apărea brusc după un eveniment sau o revelație care ne schimbă viața.

Cu toate acestea, dacă ne concentrăm constant pe dezvoltarea calităților interioare, atunci fericirea poate deveni o condiție principală, stabilă și constantă. Nu putem pierde această stare atâta timp cât suntem în viață și nimeni nu ne-o poate lua.

EXERCIȚIU - REFLECTÂND ASUPRA ZILEI

Alocă aproximativ cincisprezece minute în fiecare dimineață și în fiecare seară. În sesiunea de dimineață, verifică-ți atitudinea înainte de a începe ziua. Ai apreciat faptul că ești în viață în această dimineață, trăind într-o țară în care condițiile fac viața atât de ușoară în comparație cu unele țări din lumea a treia? Ești hotărât să folosești această zi cu înțelepciune și să practici compasiunea ori de câte ori ai ocazia, fiind fidel celor mai profunde valori ale tale? În muncă și în relații, ești dispus să ai răbdare dacă lucrurile nu merg așa cum te aștepți?

Seara, reflectează la ziua care tocmai a trecut. Gândește-te la oamenii cu care ai vorbit, la locurile pe care le-ai vizitat și la lucrurile bune și rele care s-au întâmplat. Pentru ce poți să fii recunoscător? Ai putea scrie o listă de cinci până la zece lucruri într-un „jurnal al recunoștinței".

Așază-te cu spatele drept, relaxează-ți toți mușchii și respiră adânc de câteva ori. Încearcă să te odihnești într-un sentiment natural de mulțumire și bucurie și gândește-te cum poți să faci ca ziua următoare să fie cu adevărat semnificativă și valoroasă.

Vârsta experienței

Oamenii din Occident sunt adesea destul de negativişti cu privire la îmbătrânire şi mulți văd această etapă a vieții ca pe începutul unei pante descendente, către o sănătate precară şi, în cele din urmă, către moarte. Cu toate acestea, în multe privințe, persoanele din această grupă de vârstă sunt într-o poziție mai bună pentru a atinge fericirea decât o persoană tânără. Acest lucru se datorează faptului că până la această vârstă au avut o experiență de viață substanțială şi majoritatea au reuşit să dobândească o anumită înțelepciune sau, cel puțin, s-au confruntat în viață cu multe lucruri asupra cărora pot reflecta. Mulți oameni au trecut prin eşecuri în viață, în special din punct de vedere financiar, emoțional sau fizic, şi astfel realizează că nu se pot baza pe condiții externe pentru a fi fericiți, ci trebuie să găsească acest lucru în interiorul lor. Cu aceste cunoştințe, le va fi mult mai uşor să cultive calitățile interne necesare care duc la fericire.

Când ajungem la această vârstă, fie că suntem singuri sau într-o relație, vom fi în continuare în căutarea fericirii şi vom încerca să evităm suferința. Am încercat să identific problemele comune cu care se confruntă persoanele din această categorie de vârstă şi voi încerca să ofer câteva îndrumări pentru fiecare dintre ele.

VIAȚA DE BURLAC

Dacă nu suntem căsătoriți, sau într-o relație pe termen lung în această etapă a vieții noastre, acest lucru se poate datora mai multor motive.

Este posibil să fi încercat să trăim cu unul sau mai mulți parteneri și, din anumite motive, aceste relații să nu fi funcționat, sau partenerul nostru să fi murit. Poate că, pur și simplu, nu am întâlnit persoana potrivită, sau poate că în primul rând nu ne-am dorit niciodată să avem o relație. Indiferent de motiv, multe persoane singure la această vârstă se simt izolate și nu simt că sunt la locul lor într-o lume în care a nu avea un partener poate fi considerat un eșec.

Cu toate acestea, dacă privim această situație dintr-un unghi complet diferit, a fi singur la această vârstă poate fi văzut ca o oportunitate minunată. Am experimentat multe lucruri și este posibil să fi învățat din experiența personală că multe dintre scopurile pentru care ne dedicăm viața sunt, în cele din urmă, inutile sau lipsite de sens. Urmărirea unui anumit scop poate că a avut o mare însemnătate pentru noi în trecut, dar, uneori, putem avea sentimentul că acesta a fost „îndeplinit" sau că am învățat ceea ce trebuia să învățăm și că, dacă ne acordăm timp pentru a reflecta la noi înșine, va apărea ceva nou și mai semnificativ. Acest lucru este ca și cum am decoji o ceapă, strat cu strat, astfel încât să putem dezvălui treptat un scop mai profund.

Cu acest tip de înțelepciune care să ne ghideze, și fără un partener, există multe oportunități care ni se pot deschide. Ne putem înscrie la universitate și putem începe un nou program de studii. Putem călători în jurul lumii, putem învăța o limbă străină, putem scrie o carte sau putem începe o nouă afacere pentru a servi comunitatea noastră locală. Deși poate părea neconvențional, am putea chiar să intrăm într-o mănăstire, sau să ne dedicăm viața obținerii realizării spirituale, ducând o viață simplă care să ne permită să dezvoltăm cu adevărat pacea minții. Putem face toate acestea și multe alte lucruri minunate dacă nu avem un partener sau o familie față de care suntem responsabili.

VIAȚA MONAHALĂ

Viața monahală poate părea o idee neconvențională pentru mulți oameni din lumea modernă. La urma urmei, ne putem imagina o existență sterilă și plictisitoare, cu călugări și călugărițe izolați, departe de lume, urmând reguli stricte și neavând voie să se distreze. Aș dori să menționez câteva lucruri despre viața monahală budistă, deoarece aceasta poate fi foarte diferită de ceea ce mulți oameni presupun că este. Cu siguranță, nu încerc să vând budismul ca fiind „cea mai bună" religie sau „cel mai bun" mod de viață, ci doresc doar să împărtășesc propria mea experiență, în speranța că vei găsi acest lucru util. Am fost călugăr budist timp de mulți ani și, prin urmare, pot vorbi despre această viață cu multă încredere.

Adevăratul scop al unui călugăr budist nu este să aibă o viață fericită sau plăcută, ci din contră, să atingă iluminarea. Însă, dacă ne petrecem viața lucrând pentru a atinge o stare de iluminare, atunci vom avea, în mod natural, o viață fericită și liniștită. Văd adesea bărbați și femei nefericiți și singuri în Occident, și mă gândesc ce oportunitate minunată ar putea avea aceste persoane de a trăi o viață monahală liniștită.

De ce spun acest lucru? Fundamentul unei vieți monahale este renunțarea. Când am intrat în mănăstire aveam doar optsprezece ani. Nu avusesem o inimă frântă, dificultăți financiare sau dezamăgiri. Trecusem doar prin momente plăcute cu prietenii și familia și chiar mă îndrăgostisem și îmi doream mai mult de atât! Prin urmare, viața monahală ar fi trebuit să mi se pară grea la început, dar, cu toate acestea, am fost totuși capabil să dezvolt renunțarea prin puterea practicii budiste. Dacă, pe de altă parte, ai experimentat deja o inimă frântă și alte dezamăgiri, poți întoarce acest lucru în avantajul tău, lăsând aceste experiențe să inspire o renunțare autentică.

Ce înseamnă să ne dedicăm viața pentru a atinge iluminarea? În esență, această idee se bazează pe o învățătură a lui Buddha numită *Cele patru nobile adevăruri*. Buddha nu a predat aceste adevăruri pentru a converti oamenii la budism, ci mai degrabă pentru a arăta fiecărei ființe vii calea de ieșire din suferință. Prin urmare, aceste adevăruri se aplică tuturor:

1. Natura vieții este suferința sau insatisfacția.
2. Suferința nu este întâmplătoare, ea are o cauză - emoțiile noastre negative, acțiunile noastre negative anterioare și tendința de a ne agăța de ideea amplificată de „sine" și „celălalt".
3. Eliberarea completă de suferință, sau iluminarea, este posibilă.
4. Calea către iluminare (cunoscută și sub numele de *Nobila cale cu opt ramuri*), implică eliminarea cauzelor suferinței, prin practicarea disciplinei, a concentrării și a înțelepciunii.[24]

Aceste adevăruri nu sunt doar teorii intelectuale sau speculații filosofice, ele au fost descoperite de Buddha prin experiență directă în meditație. Mulți alți meditatori și practicanți ai atenției conștiente din timpul lui Buddha au ajuns, de asemenea, la același rezultat, confirmând aceste descoperiri similar modului în care un om de știință repetă un experiment de mai multe ori pentru a verifica o descoperire științifică. Mai mult, începătorii sunt încurajați să nu accepte niciuna dintre aceste idei cu o credință oarbă, ci mai degrabă să le analizeze și să le testeze temeinic prin propria lor experiență, la fel cum s-ar putea testa puritatea aurului.

Prin urmare, scopul vieții monahale budiste este de a urma această cale deja testată, într-un mediu în care există puține distracții. Acest lucru permite unei persoane să ducă o viață simplă și să-și concentreze intens mintea asupra eradicării cauzelor profunde ale suferinței, precum Buddha și numeroșii săi adepți. Departe de a fi o căutare egocentrică, scopul acestui mod de viață este de a ne crește puterea minții, astfel încât să ne putem dezvolta o capacitate mult mai mare de a-i ajuta pe ceilalți. Doar atunci când am înțeles cum putem noi înșine să depășim suferința, îi putem ajuta cu adevărat pe alții să facă același lucru.

De aceea vorbim adesea despre „iluminarea în beneficiul altora". Din această perspectivă, căutăm mult mai mult decât propria noastră salvare. În acest fel, mulți dintre marii profesori spirituali tibetani ai ultimei generații, precum profesorul meu, Lama Lobsang Trinley și marele al 16-lea Karmapa[25], și-au dedicat mulți ani cultivării minții iluminării. Acest lucru a implicat îndepărtarea lor de lumea cotidiană timp de mai mulți ani, pentru a se angaja intens în practica retragerii, însă odată ce au atins adevărata realizare, capacitatea lor de a lucra în beneficiul celorlalți a fost extraordinară. Acest lucru se poate aplica și măreților ființe din alte tradiții, cum ar fi Iisus Hristos.

Viața monahală budistă este probabil destul de asemănătoare în toate țările. Cu toate acestea, deoarece am experimentat viața monahală doar în Tibet, aceasta este singura experiență pe care o pot împărtăși. Primul lucru pe care ar trebui să îl știm este că dacă motivația noastră este pură, orice mănăstire ne va primi și putem să rămânem acolo cât de mult dorim. Al doilea lucru este că dacă nu suntem capabili să ne întreținem singuri, în general, nu există nicio obligație de a plăti pentru cazare, mâncare sau alte cheltuieli. Cu toate acestea, nu pledez să intrăm într-o mănăstire pentru a scăpa de responsabilitățile lumești. Este esențial ca motivația noastră să fie autentică și, deoarece occidentalii sunt de obicei destul de bogați în raport cu standardele tibetane, este normal să fim generoși dacă putem. Ar fi greșit să profităm de generozitatea unei mănăstiri, iar acest lucru ar putea duce doar la consecințe negative.

Cunosc mulți oameni care cred că nu au nivelul potrivit de studiu, sau de cunoștințe, pentru a se alătura unei mănăstiri, însă aceasta este o presupunere falsă. Ca și în cazul oricărui alt loc de învățare, cei care frecventează o mănăstire au atins niveluri diferite, de la acei călugări sau călugărițe care sunt ușor distrași în practica lor, până la cei care au atins un nivel de excelență. Șederea într-o mănăstire budistă nu înseamnă neapărat că trebuie să ne dedicăm tot timpul studiului, sau practicării budismului.

Deși, de obicei, suntem obligați să respectăm o rutină zilnică strictă și să menținem o conduită exemplară, există, de asemenea, mult timp pe care suntem liberi să îl folosim în modul cel mai potrivit intereselor și talentelor noastre. Putem, de exemplu, să preferăm să ajutăm la asigurarea funcționării optime a calculatoarelor mănăstirii, în loc să studiem tot timpul.

Cu toate acestea, indiferent de rolul pe care îl jucăm, nu există nicio șansă să experimentăm singurătatea sau izolarea. În limba tibetană există un cuvânt care poate fi tradus prin „singurătate", deși majoritatea oamenilor nu înțeleg pe deplin ce înseamnă acest lucru, deoarece sunt foarte puțin familiarizați cu această experiență. Sincer să fiu, eu însumi nu am înțeles semnificația singurătății sau a depresiei până când nu am venit în Occident.

Dacă ne gândim la o viață monahală, ar trebui să ne familiarizăm cu numeroasele diferite tradiții monahale care există în lumea de azi și să ne întrebăm ce tip de stil de viață s-ar potrivi cel mai bine dezvoltării noastre spirituale. Dacă, de exemplu, am fost crescuți creștinește și avem o credință puternică în această tradiție, s-ar putea să ni se potrivească cel mai bine să ne alăturăm unui ordin monastic creștin. Dacă dorim să ne concentrăm mai intens asupra practicii meditației, Tradiția Pădurii a budismului Theravada din Thailanda, sau tradiția Zen, pot fi opțiuni bune de explorat. Alte tradiții, însă, pun mai mult accent pe sponsorizarea burselor și a proiectelor comunitare. Este posibil să fim atrași să ne alăturăm unei comunități monahale dintr-o țară străină, însă învățarea unei noi limbi este o barieră semnificativă. Cu toate acestea, învățăm în mod natural odată ce suntem imersați într-o nouă limbă, iar după mai mulți ani comunicarea este rareori o problemă.

Din păcate, cultura occidentală adesea nu este conștientă de valoarea dezvoltării spirituale și de beneficiile susținerii acesteia, astfel încât găsirea unei căi autentice, care să fie susținută financiar, poate fi dificilă. O altă opţiune este, prin urmare, să devii parte a unui grup sau a unei comunităţi laice. În prezent, o serie de organizaţii oferă sprijin persoanelor care doresc să urmeze această cale. În loc să poarte veşmintele şi să respecte preceptele unui călugăr sau ale unei călugăriţe, aceste persoane trăiesc o „viaţă exterioară" similară cu a celorlalţi, angajându-se în disciplina muncii şi a vieţii de familie, însă viaţa lor interioară este diferită. Ei aleg să îşi simplifice viaţa pentru a face loc practicii de meditaţie, studiului învăţăturilor spirituale şi angajamentului de a încorpora aceste învăţături în fiecare aspect al vieţii lor. De asemenea, pot decide să aloce timp pentru perioade regulate de retragere.

Cu toate acestea, trebuie să ne amintim că a căuta o „cale autentică" nu este un lucru care să fie întreprins cu uşurinţă. Există mulţi „profesori spirituali" care promit lucruri măreţe, însă, la o analiză atentă, constatăm că învăţăturile lor nu sunt autentice, sunt implicaţi în controverse sau există un element de comportament de cult. Sarcina de a găsi o cale potrivită şi eficientă necesită multă pricepere şi discernământ[26], o reflecţie atentă asupra propriei noastre motivaţii şi o onestitate dură. De asemenea, trebuie să fim conştienţi de tendinţa noastră de a ne ataşa de concepte spirituale, sau de anumite aşteptări, care ne pot distrage atenţia de la angajarea adecvată într-o viaţă spirituală, sau de la găsirea unei căi autentice.

Nu există nicio garanţie că nu vom întâmpina dificultăţi şi neînţelegeri, chiar şi după ce ne-am luat angajamentul de a urma o anumită cale. Putem, de exemplu, să întâlnim persoane care ne dau sfaturi nefolositoare, sau confuze, sau putem fi descurajaţi atunci când cei din jurul nostru nu practică ceea ce propovăduiesc. În această situaţie, este esenţial să continuăm să verificăm dacă motivaţia noastră este autentică şi să ne bazăm în continuare pe propriul bun simţ şi discernământ, mai degrabă decât pe credinţa oarbă. Dacă o cale în mod clar nu ni se potriveşte, sau nu ne avantajează, ar trebui să avem curajul de a pleca, cu tact şi graţie. Ar trebui să evităm să fim excesiv de critici, sau să căutăm orice formă de răzbunare, deoarece, în cele din urmă, ne putem face rău singuri. Dacă motivația noastră este pură și autentică și am făcut un efort pentru a studia învățături autentice, este doar o chestiune de timp până când vom întâlni un profesor autentic.

VIAȚA LAICĂ

Mulți oameni se gândesc, sau chiar visează, să renunțe la lume și să intre într-o mănăstire, însă adesea simt că au responsabilități la care pur și simplu nu pot renunța, de exemplu, față de copiii sau părinții în vârstă. Cu toate acestea, dacă renunțarea unei persoane este puternică și pură, aceasta poate fi capabilă să renunțe la posesiuni, carieră și familie, pentru a intra mai deplin într-o viață spirituală. Acesta a fost, adesea, cazul celor mai excepționali călugări budiști și, de asemenea, al lui Buddha însuși, care și-a sacrificat viața de lux, poziția de moștenitor al tronului, soția și fiu nou-născut, pentru a atinge iluminarea. Așadar, dacă atracția pentru viața monahală este suficient de puternică, sfatul meu este că ar trebui cu siguranță să nu renunți la ea!

Totuși, acest lucru nu înseamnă că trebuie să ne dedicăm viața realizării spirituale pentru a fi fericiți. Dacă nu ne putem raporta la această idee, atunci avem de ales între a căuta un nou partener sau a rămâne singuri. Așa cum am menționat anterior, viața de burlac oferă multe avantaje, cu multe oportunități de a studia, de a călători, de a cunoaște oameni și de a explora diferite interese. Multe uși sunt deschise, și, cu siguranță, nu trebuie să fim singuri. Implicându-ne în grupuri sau organizații locale, ne putem simți parte a unei comunități și putem găsi aici companie și prietenie. Totuși, dacă suntem mulțumiți să ducem o viață simplă și liniștită, nu avem neapărat nevoie de obiective sau activități care să ne țină ocupați. Deși putem fi singuri, nu vom fi niciodată dacă ne găsim adevărata satisfacție interioară.

Ce se întâmplă dacă ne-am dorit întotdeauna să ne căsătorim, dar nu am reușit niciodată să găsim persoana potrivită? Din punctul de vedere tradițional oriental, la această vârstă este posibil să fi „pierdut trenul", însă, în zilele noastre, oamenii se căsătoresc în fiecare etapă a vieții, iar vârsta nu contează atât de mult. Având o perspectivă mai înțeleaptă și mai matură, cu o mulțime de experiențe de viață la activ, este probabil să luăm decizii mai înțelepte atunci când vine vorba de relații. Cu toate acestea, există și dezavantaje. Un bărbat mai în vârstă care se căsătorește cu o femeie tânără, de exemplu, se poate simți nesigur și gelos pe bărbații mai tineri. Cel mai important lucru de reținut este că indiferent dacă ne căsătorim cu o femeie tânără sau în vârstă, sau chiar dacă nu ne căsătorim, nu putem spune niciodată care este destinul cel mai bun și care cale ne-ar aduce cea mai mare fericire. Condițiile care aduc fericirea sunt cultivate din interior și nu ar trebui să depindă de faptul dacă avem sau nu un partener.

INTRAREA ÎNTR-O NOUĂ RELAȚIE

Dacă ne hotărâm să ne căutăm un partener la această vârstă, vom avea multă experiență de viață pe care să o aducem în relație. Este posibil să fi avut una sau mai multe relații anterioare care s-au încheiat și este posibil să fi existat multe motive pentru aceasta. Indiferent de condițiile sau circumstanțele care au condus la încheierea acestor relații (în afară de moarte), cauza principală este aproape întotdeauna lipsa iubirii necondiționate și a compasiunii. Iubirea și compasiunea autentice nu se vor diminua cu timpul, ci cel mai probabil se vor adânci de-a lungul anilor. Alte forme de iubire, pe de altă parte, se bazează mai mult pe atracție și pe emoții trecătoare, care scad inevitabil cu timpul, atunci când înțelepciunea și compasiunea lipsesc.

Ar trebui să reflectăm la relațiile noastre anterioare și să ne întrebăm pe ce fundații au fost construite. S-au bazat pe grijă, înțelegere, compasiune și respect, sau s-au bazat pe nevoi egocentrice și atracție oarbă? Putem folosi această înțelepciune pentru a pune o fundație solidă pentru o nouă relație. În esență, trebuie să verificăm dacă avem capacitatea de a fi generoși, răbdători, atenți și plini de compasiune sau, cel puțin, dacă recunoaștem importanța acestor calități interioare, care ne pregătesc în avans pentru o nouă relație fericită. În caz contrar, s-ar putea să cădem în vechile obiceiuri și să repetăm greșelile trecutului nostru.

MENȚINEREA UNEI RELAȚII

Deși aceasta nu este o carte religioasă, aș dori să menționez un text budist specific, cunoscut sub numele de Sigalovada Sutta[27], care oferă o înțelepciune simplă și practică cu privire la modul în care un soț și o soție ar trebui să se trateze reciproc. Practic, acesta îl sfătuiește pe soț să fie politicos, credincios și respectuos față de soția sa și să-i satisfacă nevoile, în timp ce soția ar trebui să fie credincioasă soțului și să-i gestioneze înțelept banii.

Desigur, acest text datează din timpuri străvechi și presupune că soțul este principalul furnizor de venit. Situația din zilele noastre este puțin mai complicată, deoarece, adesea, atât soțul cât și soția au un loc de muncă. Deși cine ar trebui să se ocupe de cele mai multe sarcini casnice și cine ar trebui să fie principala sursă de venit poate fi negociat, punctele esențiale, conform cărora ar trebui să se respecte reciproc, să fie fideli unul altuia și să aibă grijă unul de nevoile celuilalt, rămân relevante până în prezent.

De asemenea, cred că este important ca femeile și bărbații să exploreze diferențele de bază dintre genurile lor. În psihologia occidentală este cunoscut faptul că bărbații și femeile văd lumea în moduri subtil diferite[28]. De exemplu, bărbații sunt în general mai motivați, având o direcție și un scop, în timp ce femeile sunt motivate de dorința lor de a împărtăși iubire și energie cu ceilalți. Atunci când sunt confruntați cu o problemă, bărbații ar putea fi înclinați să se retragă, sau să ia o pauză până când găsesc o soluție, în timp ce femeile mai degrabă ar prefera să vorbească despre problemă, chiar dacă acest lucru nu rezolvă problema. Experiențele mele personale m-au învățat, de asemenea, că majoritatea femeilor sunt mai bune la a face mai multe lucruri în același timp. Conștientizarea acestor tipuri de diferențe poate ajuta fiecare partener să recunoască punctele forte și limitele celuilalt și să se împartă sarcinile casnice în consecință.

Cu toate acestea, indiferent cât de bine înțelegem diferențele generale dintre bărbați și femei, tot trebuie să înțelegem personalitatea și caracterul partenerului nostru, iar acest lucru necesită o comunicare bună și deschisă. Este mult prea ușor să interpretăm greșit comportamentul soțului sau soției, și, pentru a evita să cădem în această capcană, este important să putem discuta, deschis și cu intenție sinceră, de ce el sau ea au acționat într-un anumit fel. Orice conflict va fi mai ușor de rezolvat dacă ai o bază solidă de bunăvoință față de partenerul tău și, mai ales, dacă amândoi priviți conflictul ca pe o oportunitate de a învăța și de a crește împreună.

Acest lucru ne aduce din nou la importanța iubirii pure sau necondiționate, în orice căsătorie sau parteneriat. A avea dragoste pură pentru cineva înseamnă a dori fericirea lui mai presus de a ta. Mulți oameni spun că iubesc o persoană din toată inima și apoi sunt devastați atunci când partenerul lor decide să pună capăt relației. Ei pot începe să spună că își urăsc fostul partener, consumați de gelozie sau de resentimente. Acesta este mai degrabă un exemplu de iubire posesivă decât de iubire pură. Dacă iubirea noastră este pură, pe de altă parte, ar trebui chiar să ne bucurăm pentru ei atunci când ne părăsesc pentru altcineva, dacă acest lucru îi face mai fericiți. De fiecare dată când fac această afirmație în discuții publice, mulți oameni sunt șocați și reticenți în a fi de acord cu mine. Cu toate acestea, dragostea pură pentru o altă ființă umană înseamnă că ne dorim cu adevărat ce este mai bun pentru ea, indiferent de efectul pe care îl are asupra noastră. Poate am putea crede că acest tip de atitudine este contraproductivă și nu ne va aduce beneficii, însă, iubind pe cineva cu o motivație cu adevărat pură, relația noastră va deveni cu siguranță mai puternică, iar prin cultivarea acestei calități mintea noastră se va deschide către adevărata fericire.

SĂ VĂ CREȘTEȚI COPIII ASTFEL ÎNCÂT SĂ DEVINĂ MAI BUNI DECÂT VOI

Toată lumea își iubește copiii (cu rare excepții), însă adesea părinții nu au cunoștințele necesare pentru a-i educa eficient. Din păcate, există părinți care neglijează nevoile fizice și emoționale de bază ale copiilor lor. La cealaltă extremă, unii părinți vor satisface orice dorință a copilului lor. Am auzit de multe ori oameni spunându-mi cât de mult își iubesc copiii, atât de mult încât nu pot să-i refuze și să nu le dea tot ce-și doresc!

Deși acești părinți încearcă să fie buni, în realitate le fac rău copiilor lor. Copilul căruia i se dă totul va crește adesea așteptându-se ca viața să fie ușoară și că poate avea imediat tot ceea ce își dorește. Atunci când se confruntă cu realitățile vieții, în special cu dezamăgirea și eșecul, are dificultăți în a face față, deoarece nu a învățat cum să persevereze sau să aibă răbdare. Părinții nu ar trebui să fie prea surprinși de acest lucru. De fapt, nu poți să lași iarna afară în timpul unei furtuni o plantă crescută într-o seră, iar apoi să fii surprins dacă nu supraviețuiește. Prin urmare, este esențial să se stabilească limite ferme și să se învețe copiii cum să supraviețuiască greutăților, arătându-le în același timp dragoste și compasiune sincere.

Stabilirea unor limite cu consecvență, cum ar fi refuzul de a-i lăsa să se uite la televizor sau de a merge la petreceri în pijamale și obligarea lor să ajute la treburile casnice, nu numai că ne învață copiii că viața nu este întotdeauna ușoară, dar le oferă și o rutină sau un ritm de viață care îi ajută să se simtă în siguranță. Atunci când copiii noștri nu trebuie să se confrunte în permanență cu schimbarea și incertitudinea, ei sunt capabili să dezvolte un comportament etic bun - nu pentru că sunt forțați, ci pentru că învață să vadă beneficiile unei rutine bune și ordonate. Acest lucru devine, de asemenea, o bază pentru a manifesta creativitate, încredere şi bunătate în prezenţa celorlalţi.

Disciplina fermă şi stabilirea unor limite sunt, de asemenea, cruciale dacă vrem să ne menţinem copiii pe o „cale de mijloc" - nu trebuie să li se permită să facă tot ce vor, dar nici nu trebuie să fie presaţi să se ridice la înălţimea unor aşteptări mari. În plus, atunci când ne pregătim copiii pentru viitor, nu ar trebui să vorbim doar despre banii pe care i-am pus deoparte pentru ei, sau despre casa pe care o vom cumpăra pentru ei. Cu siguranţă, acest ajutor material este util, dar mult mai important este să investim în dezvoltarea mentală şi emoţională a copiilor noştri.

Prin urmare, ar trebui să ne amintim condiţiile de bază ale fericirii şi să-i învăţăm pe copiii noştri despre ele - în special stima de sine, compasiunea, autocontrolul şi tăria de caracter. Învăţându-i înţelepciunea şi compasiunea prin povestiri, conversaţii şi exemplul propriilor noastre acţiuni, îi vom pregăti în cel mai bun mod posibil pentru fericire şi succes în viitor.

Este important să învăţăm aceste calităţi la toate vârstele copilăriei[29], amintindu-ne că demonstrarea acestor calităţi de către noi înşine este întotdeauna cea mai bună cale. În primii patru ani de viaţă, copiii sunt extrem de sensibili la mediul emoţional în care cresc, deci, cel mai important lucru este să le arătăm copiilor noştri iubire necondiţionată deplină. Ar trebui să încercăm să-i facem să simtă că sunt cu adevărat speciali şi profund încrezători în propria valoare. În timpul şcolii primare, ar trebui să evidenţiem şi să sprijinim creativitatea, hărnicia şi bunăvoinţa copiilor noştri faţă de ceilalţi, încurajând toate aceste calităţi să înflorească, iar apoi, în timpul adolescenţei, îi putem ajuta să simtă că sunt membri valoroşi şi activi ai rasei umane, ştiind că viaţa lor are un sens, orice s-ar întâmpla. Să creşti un adolescent nu este niciodată uşor, deoarece suntem împărţiţi între dorinţa de a face tot ce este mai bine pentru el şi dorinţa de a învăţa să avem încredere că îşi va găsi singur calea. A învăţa să-i iubim necondiționat, indiferent de alegerile pe care le fac, poate fi, cu siguranță, o mare provocare.

În cele din urmă, una dintre cele mai importante lecții pe care trebuie să o predăm copiilor noștri este consecința nocivă a consumului de droguri, tutun și alcool. Unii părinți care au fumat sau au experimentat droguri în tinerețe, cred că nu au dreptul să își instruiască copiii să nu facă la fel. Acest lucru nu este adevărat. Cu experiența voastră veți putea să vă învățați copiii mai eficient și să încercați să îi faceți mai buni decât voi. Amintiți-vă, totuși, că dacă întâmpinați dificultăți în gestionarea comportamentului copiilor voștri, nu sunteți niciodată singuri și ajutorul este întotdeauna disponibil.

PĂRINȚII ȘI OPORTUNITATEA DE A ARĂTA RECUNOȘTINȚĂ

În acest stadiu al vieții noastre, este foarte probabil ca starea de sănătate a părinților noștri să fie în declin, sau chiar să nu mai fie în viață. În cazul în care starea lor de sănătate este precară, este posibil ca ei să ne solicite timpul și resursele. S-ar putea să ne cheme să îi ducem la consultații medicale, să îi ajutăm la treburile pe care nu le mai pot face, sau chiar să dorească să se mute cu noi pentru a putea avea mai multă grijă de ei.

În Tibet, se așteaptă ca de părinții să aibă grijă copiii, aducându-i în propria lor casă, atunci când aceștia sunt mai în vârstă. Deși cultura este diferită în Occident, este în continuare important să ne tratăm părinții în cel mai bun mod posibil. Cu rare excepții, ei au fost extrem de buni cu noi și este normal să dorim să le întoarcem această bunătate. Amintiți-vă, de asemenea, că din exemplul nostru copiii vor învăța cum ar trebui tratați părinții. Dacă dăm un exemplu bun, având grijă de părinții noștri într-un mod binevoitor și plin de compasiune, copiii noștri vor face probabil același lucru pentru noi.

Atunci când părinții îmbătrânesc și au nevoie de ajutorul nostru, acest lucru poate provoca o angoasă considerabilă pentru cei care nu au avut o relație bună cu ei. Poate că simțim că părinților noștri nu le-a păsat niciodată cu adevărat de noi, sau poate că au fost alcoolici, sau dependenți de droguri. Poate că nu ne-au acordat suficientă atenție, sau nu au reușit să ne ofere o educație bună, sau sprijin financiar. Indiferent dacă au făcut sau nu greșeli în educația noastră, este totuși firesc ca părinții să își dorească o viață fericită pentru copiii lor. Putem înțelege acest lucru atunci când reflectăm asupra sentimentelor noastre față de proprii copii.

De când sunt în Occident, am întâlnit mulți oameni care nu sunt mulțumiți de viața lor și își consideră părinții responsabili pentru acest lucru. Ei atribuie eșecul lor de a avea o viață reușită eșecului părinților lor de a avea grijă de ei. Acest punct de vedere poate proveni din unele ramuri ale psihologiei care ne spun că trăsăturile negative de personalitate ale oamenilor sunt puternic influențate de educația lor și sunt foarte greu de schimbat. Din punct de vedere budist, acest lucru nu este chiar adevărat. Nu orice rezultat în viață este rezultatul experiențelor noastre din copilărie. Mai degrabă, purtăm în noi semințele destinului nostru. Deși ne putem simți „blocați" în anumite obiceiuri pe care le putem atribui anumitor evenimente din copilărie, putem totuși învăța să ne acceptăm situația și să-i iertăm pe cei pe care i-am putea învinovăți.

Să presupunem pentru o clipă că părinții noștri *sunt* responsabili pentru eșecurile din viața noastră. Chiar dacă ar fi așa, nu există niciun avantaj în a simți furie, ură sau dezamăgire față de ei, deoarece aceste emoții negative nu ar face decât să ne dăuneze. Odată ce suntem conștienți că păstrarea furiei nu realizează absolut nimic, putem învăța să acceptăm cu compasiune călătoria prin care am trecut și să mergem mai departe în direcția obiectivelor și visurilor noastre. În loc să păstrați furia, amintiți-vă că recunoștința este una dintre condițiile esențiale pentru fericire. Vom simți în mod natural recunoștință odată ce furia noastră a fost depășită, deoarece adevărul este că părinții își iubesc și au grijă de copiii lor cu drag, în ciuda imperfecțiunilor lor. Simțindu-ne recunoscători față de părinții noștri pentru că ne-au crescut, cultivăm fericirea și libertatea interioară în noi înșine.

LOCURI DE MUNCĂ DEMOTIVANTE ȘI CAPCANELE MATERIALISMULUI

Mulți oameni cu care am vorbit par nefericiți din cauza locului lor de muncă. Mi-au spus că sunt mereu grăbiți și stresați, că nu le plac oamenii cu care lucrează, sau că și-ar dori să nu mai lucreze. Deși nu există răspunsuri ușoare, cred că poate fi util să ne uităm cu atenție la motivația pentru care ne angajăm în domeniul nostru de activitate. Suntem motivați de dorința de a ajuta oamenii, ori de a face ceva care ne place cu adevărat, sau pe care îl considerăm semnificativ? Ori, pur și simplu, ne străduim să avansăm și să câștigăm mulți bani, sau să obținem un statut înalt? Munca este mai degrabă o corvoadă decât o pasiune, puțin mai mult decât ceva pentru a plăti facturile, a ne hrăni familia, sau a ne susține alte interese?

Dacă ne vedem munca ca pe o „chemare" sau ca pe un mod de a ne împărtăși darurile unice cu lumea, este posibil să obținem o mare satisfacție din munca noastră. Dacă, pe de altă parte, suntem conduși de dorința de a construi o casă mai mare sau de a obține acea promovare prețioasă, munca noastră poate deveni o obsesie, deoarece suntem stimulați de dorința de a „merge înainte". Chiar dacă ne place ceea ce facem, este posibil ca restul vieții noastre să aibă de suferit. Rezultatul este adesea stresul, sau chiar epuizarea, deoarece ceea ce urcă trebuie să și coboare. În mod alternativ, dacă munca noastră nu este decât o corvoadă sau o obligație, este puțin probabil să găsim o satisfacție adevărată. În acest caz, poate fi nevoie de multă introspecție pentru a găsi altceva care să corespundă scopului nostru cel mai profund.

Ar trebui, de asemenea, să fim conștienți de faptul că satisfacția profesională depinde foarte puțin de tipul de muncă pe care o facem[30]. De exemplu, munca de femeie de serviciu poate avea o semnificație extraordinară pentru noi, mai ales atunci când ne gândim că toată lumea apreciază curăţenia şi că noi aducem o contribuţie la viaţa celorlalţi. În schimb, am putea lucra ca medic şi să ne simţim frustraţi sau plictisiţi pentru că pacienţii noştri nu încetează să se plângă, iar noi nu câştigăm suficienţi bani.

Dacă nu ne place deloc slujba noastră, trebuie să reconsiderăm serios motivul pentru care o facem. Dacă este doar pentru a face bani, astfel încât să ne putem permite să menţinem un stil de viaţă de om bogat, atunci are sens să ne simplificăm viaţa şi să ne reducem dorinţa de bogăţie materială, optând pentru un loc de muncă cu mai puţine ore. Cu toţii avem tendinţa de a crede că dobândirea mai multor bunuri ne va face mai fericiţi, însă rareori putem vedea că acest lucru este ca şi cum am încerca să stingem setea cu apă sărată. La fel cum devenim şi mai însetaţi după ce bem apă sărată, devenim din ce în ce mai nemulţumiţi dacă căutăm doar în afara noastră ceva care să ne facă fericiţi. Un prieten de-al meu, care lucrează ca inginer, mi-a spus odată că nu era fericit pentru că toţi prietenii lui câştigau mai mult decât el. I-am spus că, indiferent cât de mare ar fi salariul încasat de el, altcineva va câştiga întotdeauna mai mult. Nu este uşor să fim mulţumiţi de destinul nostru şi nu pot decât să îmi doresc ca tot mai mulţi oameni să poată gusta libertatea interioară şi liniştea sufletească pe care o aduce o astfel de atitudine.

Lipsa unei motivaţii autentice sau pline de bunătate este cu siguranţă unul dintre motivele pentru care suntem nefericiţi la locul de muncă, deşi, un alt motiv este că nu avem suficientă ambiţie sau concentrare. Uneori, oamenii din Asia sunt capabili să lucreze peste paisprezece ore pe zi cu scopul de a plăti rapid ipoteca pentru o casă nouă, de exemplu. Este posibil ca motivaţia lor să nu fie neapărat bună şi ca viaţa lor să nu fie „echilibrată", dar, în general, sunt fericiţi pentru că şi-au antrenat mintea să aibă un nivel ridicat de concentrare şi angajament. Sunt mulţumiţi să-şi lase capul în jos şi să-şi facă treaba, mai degrabă decât să-şi facă griji cu privire la vacanţe, condiții de muncă sau alte așteptări. Ei sunt pur și simplu prea ocupați pentru a fi triști sau deprimați.

Acest tip de etică a muncii poate părea dezechilibrat din punct de vedere occidental. Într-o anumită măsură, acest lucru este adevărat, dar trebuie să ne amintim că ambiția, determinarea și concentrarea sunt cauze indirecte ale unui anumit nivel de fericire și, prin urmare, au o anumită valoare. Cu toate acestea, avem nevoie de o viziune mai echilibrată pentru a atinge niveluri mai ridicate de fericire.

LIBERTATE, SUFERINȚĂ ȘI IMPERMANENȚĂ

În budism vorbim foarte mult despre eliberarea de suferință. Cu toate acestea, ideea este adesea înțeleasă greșit, în special în lumea modernă. Există mai multe tipuri diferite de libertate. Prima este libertatea exterioară, cum ar fi libertatea de exprimare și libertatea de a trăi fără teama de persecuție. Acest tip de libertate lipsește în multe locuri din lume. Aproape toate țările occidentale sunt foarte norocoase să aibă acest tip de libertate, deși este rar ca noi să apreciem cu adevărat acest lucru.

Al doilea tip de libertate este libertatea individuală, care este apreciată foarte mult de mulți oameni din Occidentul postmodern. Cu acest tip de libertate ne gândim: „Am dreptul de a face acest lucru, sau dreptul de a deține acel lucru". Prin urmare, ne mândrim cu ideea de libertate deplină a comportamentului individual, sau de autonomie.

Deși este important să facem propriile alegeri cu privire la modul în care trăim și acționăm, aceasta nu este de fapt o libertate reală. Acest tip de atitudine ne face adesea să ne concentrăm mai ales asupra propriei noastre bunăstări și, prin urmare, să creăm o distanță între noi și ceilalți, de exemplu prietenii sau vecinii noștri. Putem chiar să-i evităm pe ceilalți cu totul, sau să nu le răspundem, pentru că suntem atât de preocupați de „respectarea libertății lor". De exemplu, dacă un tânăr alege să se apuce de fumat sau să acționeze într-un mod care în mod clar îi face rău, ne putem gândi doar: „Este în regulă, este liber să acționeze în acest fel dacă dorește", ceea ce nu este adevărata libertate, ci mai degrabă o atitudine nefavorabilă care va duce în cele din urmă la singurătate. Aceasta este o problemă comună în lumea modernă și un lucru la care trebuie să reflectăm serios cu toții.

Ceea ce s-ar putea să nu realizăm este că falsa libertate poate fi foarte greu de recunoscut în Occident, deoarece derivă din secole de obișnuință culturală. În țările asiatice, de exemplu, oamenii se pot certa între ei, dar, de obicei, sunt capabili să rezolve conflictele și apoi chiar să se apropie unii de alții. Cu toate acestea, prin evitarea conflictelor sub pretextul respectării drepturilor celorlalți, ne este ușor să devenim distanți și mai puțin conștienți de starea de bine a celorlalți.

Libertatea reală, pe de altă parte, este vitală pentru fericire. Aceasta nu înseamnă să putem face orice și oricând dorim, ci mai degrabă să fim capabili să ne controlăm emoțiile și dorințele, astfel încât să putem decide cum să reacționăm în orice situație și să alegem cum să ne trăim viața, fără a fi conduși de conflicte emoționale. Din perspectivă budistă, acest lucru înseamnă că devenim liberi de karmă, sau liberi de forța obiceiurilor și acțiunilor noastre din trecut. Dacă suntem liberi de karmă, indiferent de situația pe care o întâlnim, nu suntem controlați de emoțiile și obiceiurile noastre. Atunci suntem cu adevărat liberi.

Chiar dacă nu suntem budiști, posibilitatea de a ne controla gândurile și emoțiile ne oferă o mare libertate. Așa cum am spus mai devreme, nu evenimentele externe dictează cât de fericiți suntem, ci mai degrabă modul în care reacționăm la ele. Prin urmare, deoarece gândurile și emoțiile noastre joacă un rol atât de important în determinarea nivelului nostru de fericire, a avea chiar și un mic control asupra lor este extrem de valoros.

Pe măsură ce îmbătrânim, avem mai multe experiențe de viață, atât bune, cât și rele. În momentul în care am ajuns în acest stadiu, este probabil să fi fost martori ai suferinței într-o anumită formă, poate prin moartea unei persoane dragi, sau prin sfârșitul unei relații. Prin urmare, vom ști că, în ciuda celei mai bune îngrijiri medicale, a celei mai bune polițe de asigurare și a tuturor eforturilor din lume, nu putem opri niciodată moartea, boala, îmbătrânirea, sau multe alte lucruri din viață care aduc inevitabil suferință. Natura vieții este impermanența sa - se schimbă constant, atât în bine, cât și în rău.

Dacă ne agățăm cu putere de sentimentele noastre și de oamenii din jurul nostru, atunci creăm o lume bazată pe propria noastră suferință și pe cea a celor din jur. Aceasta este ceea ce Buddha a conștientizat cu mulți ani în urmă. Unii oameni devin foarte deprimați când realizează acest lucru și se gândesc: „Ei bine, care este rostul? Din moment ce viața este suferință, aș putea la fel de bine să renunț acum".

Cu toate acestea, Buddha ne-a arătat că există o cale de a ne elibera de ciclul suferinței, și ea este să renunțăm la atașamentul nostru. Acest lucru se aplică atât circumstanțelor și emoțiilor negative, precum furia sau ura, cât și circumstanțelor și emoțiilor plăcute care ne produc plăcere, precum dragostea romantică. Trebuie să ne dăm seama că acestea vor veni și vor dispărea și, deși ne putem bucura în continuare de emoții plăcute, dacă ne agățăm prea strâns de ele vom suferi atunci când circumstanțele se modifică. În schimb, ar trebui să ne propunem să obținem libertatea asociată unei minți pașnice, fericite și plină de compasiune, care nu este trasă încoace și încolo de capriciile emoțiilor și dorințelor.

EXERCIȚIU - ÎNVĂȚÂND DIN EXPERIENȚA DE VIAȚĂ

Am acumulat multă experiență de viață până acum și putem învăța multe lecții valoroase, dacă reflectăm profund la ceea ce viața ne-a învățat. Acest lucru ne poate determina chiar să ne reevaluăm unele dintre priorități.

Mai întâi, amintește-ți de o persoană cu care ai avut o relație în trecut. Aceasta nu trebuie să fie neapărat un partener - poate fi un prieten, un părinte sau poate un coleg de serviciu. Care a fost motivația ta pentru a fi în acea relație? A funcționat așa cum te așteptai? Cât de mult ai reușit să depășești dificultățile? Cât de deschisă a fost comunicarea voastră? Dacă a existat o perioadă de mari dificultăți, poți să scrii ceea ce îți amintești - acest lucru te poate ajuta să accepți trecutul și să mergi mai departe.

Apoi amintește-ți de un loc de muncă pe care l-ai avut în trecut și întreabă-te în mod similar. Care a fost motivația ta pentru a face acel tip de muncă? Ce altceva ai învățat din experiențele tale?

Privește acum la situația ta actuală. Întreabă-te: „Cum pot aplica lecțiile pe care le-am învățat? Cum îmi pot trăi viața în cel mai înțelept mod posibil?"

Stai drept, cu coloana vertebrală dreaptă și mâinile în poală, încordându-ți corpul și apoi simțind cum se relaxează peste tot. Întreabă-te sincer dacă există ceva ce dorești să schimbi în această etapă a vieții și apoi gândește-te cum poți să faci acest lucru posibil.

Vârsta înțelepciunii

În această perioadă, a cincea etapă a vieții, vor exista mari diferențe în ceea ce privește condițiile cu care se confruntă oamenii, însă dacă această perioadă este sau nu plină de bucurie depinde de modul în care privim viața și de cât de largi sau limitate sunt percepțiile noastre. Este o perioadă în care ne îndeplinim multe dintre obligațiile vieții și, de asemenea, ne împăcăm cu multe dintre provocările cu care ne-am confruntat de-a lungul vieții. Pentru unii, condițiile externe le permit un nou început. Sunt, în sfârșit, capabili să se retragă de la locul de muncă, să călătorească în lume sau să petreacă mai mult timp cu cei dragi. Pentru alții, această etapă a vieții poate fi marcată de pierdere - pierderea soțului/soției, pierderea unui rol în societate după pensionarea de la un loc de muncă, sau pierderea sănătății. Cu toate acestea, indiferent de situație, la această vârstă intrăm într-o etapă a vieții în care reflecția și găsirea unui sens al vieții sunt importante. Astfel, putem învăța să vedem că orice fel de pierdere poate fi, de fapt, o oportunitate de creștere și autocunoaștere spirituală.

Natura umană pune mare preț pe realizări, competiție și dobândirea de lucruri și, probabil, ne-am străduit pentru multe lucruri de-a lungul vieții noastre. Posibil să fi muncit din greu pentru a câștiga bani, pentru a dobândi o casă și alte bunuri, pentru a ne crește copiii, pentru a ne menține o carieră de succes și pentru a primi laude din partea altora. Chiar și la această vârstă, mulți oameni încă continuă să lupte pentru astfel de lucruri. Gândește-te cu atenție la viața pe care ai construit-o pentru tine însuți. Lucrurile pentru care ai muncit atât de mult par cu adevărat semnificative?

Viaţa ta pare semnificativă pentru tine? Ţi-ai dezvoltat sentimentul de siguranţă în propria ta identitate? Gândeşte-te la acest lucru în contextul îmbătrânirii. Deşi poate că am muncit din greu şi am realizat multe lucruri, în tot acest timp corpul nostru a decăzut încet şi inevitabil. La această vârstă, ne vom da seama că nu mai putem nega inevitabilitatea morţii - indiferent ce am face, nu putem scăpa de aceasta. Mai are sens să continuăm să ne trăim viaţa în acelaşi mod? Sau poate este timpul să facem unele schimbări şi să stabilim noi priorităţi?

Cred că majoritatea oamenilor îşi vor da seama că multe dintre lucrurile cu care şi-au umplut viaţa nu mai au acelaşi sens acum că îmbătrânesc. Totuşi, acest lucru nu trebuie să fie un gând deprimant şi, cu siguranţă, nu ar trebui să petrecem ore nesfârşite regretând modul în care ne-am consumat timpul şi energia. Mai degrabă, putem folosi această constatare ca pe o oportunitate de a ne reduce ataşamentul faţă de multe dintre lucrurile pe care nu le mai considerăm importante şi de a dezvolta bogăţia mulţumirii interioare. Acest lucru ne poate deschide o lume cu totul nouă şi ne poate oferi, de asemenea, o oportunitate de a acorda mai multă atenţie minţii noastre.

Cu siguranţă nu este prea târziu să ne dezvoltăm mintea şi nu trebuie să devenim călugări sau călugăriţe, ori să petrecem ore întregi în meditaţie în fiecare zi, pentru a realiza acest lucru. În această etapă a vieţii noastre, ca în orice altă etapă, cel mai important este să reflectăm asupra atitudinilor şi acţiunilor noastre din viaţa de zi cu zi. Vom descoperi că există multe lucruri simple pe care le putem pune în aplicare pentru a ne dezvolta calităţile interioare şi a ne promova propria fericire, indiferent de cât de bună sau de proastă este calitatea vieţii noastre.

PIERDERE ŞI IMPERMANENŢĂ

După cum am menţionat mai anterior, mulţi oameni văd această vârstă ca pe începutul declinului şi a posibilei pierderi a lucrurilor pe care le consideră importante. Este ușor să ne amăgim crezând că putem controla lumea din jurul nostru, că ne putem baza pe o bună îngrijire medicală și pe polițe de asigurare dacă lucrurile merg prost, însă acest lucru pur și simplu nu este adevărat. Chiar dacă ne apropiem de moarte de când ne-am născut, de multe ori acest lucru ne devine clar doar atunci când ne confruntăm cu propria mortalitate, iar uneori acest lucru poate fi un șoc. De asemenea, ajungem să realizăm că momentul morții nu este fixat și că indiferent dacă suntem adolescenți sau oameni de nouăzeci de ani, nu putem fi niciodată siguri că vom trăi încă un an.

Suferința psihică poate rezulta din orice fel de pierdere, cum ar fi pierderea unei persoane dragi, pierderea unui loc de muncă, pierderea statutului sau pierderea sănătății. Toate aceste pierderi ne pot provoca mari suferințe dacă nu le privim într-un mod realist, așa că avem de ales. Putem fie să suferim incontrolabil atunci când condițiile noastre se schimbă și cei dragi mor, fie putem să învățăm să acceptăm că totul este impermanent, că bătrânețea, boala și moartea sunt doar o parte naturală a vieții[31], nu o conspirație împotriva noastră. Atunci ne putem da seama că a ne agăța strâns de ceva nu va duce decât la suferință în cele din urmă. Recunoscând impermanența, putem dezvolta o perspectivă complet nouă asupra vieții și ne putem pregăti pentru pierdere, permițându-ne să menținem o stare de spirit fericită și liniștită, indiferent de condițiile noastre externe.

DECESUL PARTENERULUI

Pentru mulți oameni, moartea soțului sau a soției este cel mai devastator eveniment care se va întâmpla în viața lor. Deși nu am fost niciodată căsătorit, cred că am o oarecare înțelegere a unei pierderi de această magnitudine. În tinerețe mi-am pierdut tatăl și fratele, iar în cultura tibetană legăturile dintre tată și fiu sau dintre doi frați sunt aproape la fel de puternice ca legătura dintre soț și soție. Prin urmare, aș dori să vorbesc, pe scurt, despre cum putem face față unei pierderi de o asemenea amploare.

Atunci când moare o persoană dragă, trebuie să încercăm să privim dincolo de propriului nostru punct de vedere limitat. Deși moartea unei persoane apropiate nouă și suferința pe care o provoacă este un eveniment monumental, moartea fiecărei ființe este o parte inevitabilă a schemei generale a vieții noastre. Deși astăzi este soția cea care a murit, mâine ar putea fi soția prietenului nostru, sau copilul vecinului nostru. Deși suntem cuprinși de o stare de negare și șoc atunci când moare persoana iubită, dacă reflectăm profund, vom înțelege că toată lumea va fi afectată la un moment dat de moartea cuiva apropiat.

În mod normal, suferim foarte mult pentru că ne comparăm circumstanțele cu cele ale altor oameni, despre care credem că sunt mult mai norocoși decât noi. Cu toate acestea, singura diferență este momentul în care ne lovește nenorocirea, nimic altceva. Dacă reflectăm cu atenție la acest lucru, tristețea noastră se va diminua, deoarece ne putem depăși instinctul natural de a compara situația noastră cu cea a altora. O abordare și mai puternică este aceea de a genera compasiune. Atunci când ne dăm seama cu adevărat că toți trecem prin aceleași lupte, că toți experimentăm durere și pierdere la un moment dat în viață, atunci propria noastră durere se va diminua, pe măsură ce vom învăța să o privim din această perspectivă mult mai largă.

Desigur, moartea unei persoane apropiate ne va afecta mai mult decât moartea unui străin și este firesc să avem sentimente atât de puternice pentru propria noastră familie. Dar, în cele din urmă, trebuie să ne amintim că moartea va afecta fiecare ființă vie, iar dacă ne gândim cu seriozitate la acest lucru, nu ar trebui să fie atât de surprinzător. O poveste din viața lui Buddha ilustrează acest punct de vedere[32]:

A fost odată o tânără femeie al cărei prim născut s-a îmbolnăvit și a murit când avea aproximativ un an. Îndurerată, ea a implorat, pe oricine a întâlnit, pentru un leac care să-i readucă copilul la viață, însă i s-a spus că singura persoană care poate face acest miracol este Buddha.

Când, în sfârșit, l-a întâlnit pe Buddha și i-a relatat povestea ei, acesta i-a spus să îi aducă o sămânță de muștar de la oricare casă din satul ei în care nu a existat niciodată un deces. Nu a trecut mult timp însă, până când ea și-a dat seama că sarcina dată de Buddha nu putea fi îndeplinită. Fiecare casă experimentase moartea, nu doar o dată, ci unele dintre ele de nenumărate ori. Așa că, în cele din urmă, tânăra femeie și-a luat rămas bun de la copilul ei pentru ultima dată și s-a întors la Buddha, fără sămânța de muștar. Își învățase lecția. Nu doar ea a suferit de pe urma morții, ci moartea se întâmplă tuturor - este o parte naturală a vieții.

Ideea budistă a reîncarnării poate fi, de asemenea, utilă atunci când ne confruntăm cu pierderea și durerea, deoarece ne asigură că nu există moarte *completă*. Prin aceasta nu vreau să spun că cei dragi sunt mereu cu noi și ne veghează, aceasta fiind impresia pe care o putem avea de la unii dintre clarvăzătorii de la televizor! Un astfel de concept este limitat, deoarece poate da impresia că suntem conectați doar la aceeași familie sau strămoși, în loc să recunoaștem ciclul vast și în continuă schimbare al vieții în care suntem incluși.

Spunând că nu există moarte completă, mă refer la ideea că fiecare ființă trece printr-o serie nesfârșită de vieți. La fel cum continuumul fizic pe care îl numim Univers continuă în timp, la fel se întâmplă și cu fluxul mental al tuturor ființelor. La fel cum o floare trece prin mai multe „încarnări", pe măsură ce moare și semințele sale dau naștere unei noi flori, putem vorbi despre propriul nostru continuum mental într-un mod similar. Atunci când murim, corpul fizic grosier și mintea grosieră încetează să mai existe. Cu toate acestea, mintea subtilă a unei persoane, care conține imprinturile tuturor acțiunilor sale bune și rele, continuă. Voi discuta mai mult despre acest aspect în capitolul următor.

Ceea ce înseamnă toate acestea este că timpul pe care l-am petrecut cu partenerul nostru nu reprezintă decât câteva momente din călătoria noastră fără sfârșit. Am fost ca niște străini care s-au întâlnit într-un bar, sau într-un restaurant, am petrecut ceva timp împreună și am învățat unul de la celălalt, dar apoi trebuie să ne despărțim, așa cum este firesc. Mintea persoanei iubite trebuie să continue în următoarea viață, la fel cum noi trebuie să ne continuăm propria viață.

Întâlnesc uneori oameni care au pierdut o persoană dragă cu mulți ani în urmă, iar de atunci nu au putut să nu se mai gândească la acea persoană, la cât de mult au iubit-o și cât de mult le lipsește. Uneori, ei cred că prin faptul că se agață atât de strâns de amintirea ei, își onorează persoana iubită și dovedesc cât de mult au iubit-o. Totuși, acest lucru nu este adevărat, deoarece, ținându-se atât de strâns de această amintire, se rănesc singuri, iar acest lucru nu este util.

Nu spun că ar trebui să îi uităm pe cei dragi, ci că ar trebui să ne amintim și să apreciem timpul minunat pe care l-am petrecut împreună, în loc să ne agățăm de amintirile noastre atât de strâns încât să ne rănim. Dacă o floare frumoasă moare când vine iarna, acceptăm acest lucru ca fiind natural. Ar fi destul de ciudat dacă cineva ar plânge și ar suferi pentru că nu poate accepta acest lucru. Dacă reflectăm profund, moartea oricărei persoane este, de asemenea, doar o parte naturală a vieții. Viața fiecăruia se va sfârși la un moment dat și, într-o zi, la fel se va întâmpla și cu viața noastră.

Când am fost în Noua Zeelandă, am întâlnit o doamnă al cărei soț tocmai murise. Această doamnă, care avea 81 de ani, fusese căsătorită cu soțul ei timp de mulți ani și îl iubise foarte mult. Cu toate acestea, după moartea lui ea a fost capabilă să ducă o existență fericită. Putea să vorbească cu plăcere și recunoștință despre momentele petrecute împreună, dar își dădea seama că el trebuia să treacă în viața următoare, în timp ce ea încă trebuia să trăiască în această viață. În mod interesant, ea a menționat, de asemenea, că soțul ei trecuse printr-o perioadă destul de dificilă cu puțin timp înainte de a muri, dar, cu toate acestea, a reușit să aibă un sentiment profund de pace și stare de bine. Poate că atitudinea curajoasă și de acceptare a soției sale l-a ajutat să obțină acest lucru.

DECLINUL SĂNĂTĂȚII

O altă pierdere cu care se confruntă mulți oameni în această perioadă este pierderea sănătății. Este greu pentru unii să vadă cum le slăbește sănătatea, mai ales dacă în trecut au pus mare preț pe tinerețea și vitalitatea lor. Dar declinul sănătății este o parte inevitabilă a vieții. Din momentul în care ne naștem, corpurile noastre fizice încep să-și piardă sănătatea și vitalitatea, iar din perspectiva budistă, ne pregătim treptat pentru a ne înlocui din nou corpurile. Gândiți-vă la o mașină veche, la un televizor vechi, sau la orice obiect material. Când se strică, la început încercăm să-l reparăm. Când se strică atât de mult încât nu mai poate fi reparat, atunci trebuie să luăm unul nou. În mod similar, atunci când corpul nostru se deteriorează iremediabil, avem nevoie de un corp nou!

Sănătatea precară ne reamintește, de asemenea, să practicăm recunoștința. Putem fi recunoscători că trăim într-o țară bogată, cu unități sanitare bune și oameni care au fost instruiți să aibă grijă de noi. Amintiți-vă că există mulți oameni în această lume care mor din cauza unei boli minore, sau la o vârstă fragedă, doar pentru că nu există un medic sau un spital care să îi ajute. Propriul meu tată, de exemplu, a murit la vârsta de patruzeci și nouă de ani din cauza unei obstrucții intestinale. În satul nostru era un singur medic, care a diagnosticat greșit starea tatălui meu și i-a dat doar niște medicamente, când de fapt avea nevoie de operație. Am aflat abia mulți ani mai târziu că viața lui ar fi putut fi salvată cu ușurință cu o mică operație. M-am simțit indignat și extrem de dezamăgit aflând că tatăl meu ar fi putut să continue să trăiască o viață bogată și plină de sens ca practicant budist.

Deci, cum am făcut față acestor sentimente? De fapt, nu am avut de ales. Mi-am dat seama că nu conta cât de furios sau de supărat mă simțeam în legătură cu moartea tatălui meu, deoarece acest lucru nu l-ar fi readus la viață. Emoțiile mele negative nu l-ar fi ajutat și aș fi sfârșit prin a-mi face rău. Ca budist, credeam, de asemenea, că a fost karma mea să-mi pierd tatăl la o vârstă atât de fragedă, la fel cum a fost karma tatălui meu să moară în acel moment. Acesta este un alt mod de a spune că trebuie să acceptăm lucrurile pe care nu le putem schimba. De asemenea, am crezut că este important să fac tot ce pot pentru a onora memoria tatălui meu și, deoarece el și-a dorit întotdeauna ca eu să devin călugăr, asta am făcut. Până atunci nu fusesem niciodată interesat să devin călugăr, așa că moartea lui mi-a dat inspirația de a-mi schimba direcția vieții.

PIERDEREA LOCULUI DE MUNCĂ

Sfârșitul vieții profesionale poate surveni prin propria noastră alegere, de exemplu, atunci când ne pensionăm, sau prin voința altora, dacă suntem concediați sau constatăm că abilitățile noastre nu mai sunt solicitate. Majoritatea oamenilor cred că prima opțiune ar fi minunată, în timp ce a doua este considerată mai puțin plăcută. Cu toate acestea, ele înseamnă de fapt același lucru și, oricum ar fi, cauzează oamenilor aceleași probleme.

Mulți oameni visează să se pensioneze de ani de zile, iar atunci când acest lucru se întâmplă în cele din urmă, simt un sentiment profund de pierdere și durere. Dintr-o dată se trezesc plictisiți, fără nimic de făcut. Cred că acest lucru se datorează în mare măsură faptului că, în lumea modernă, locul nostru de muncă este strâns legat de identitatea și stima noastră de sine, iar pentru mulți oameni este și un simbol al statutului.

Dar întreabă-te: este chiar atât de important? Reflectează puțin asupra acestui aspect. Poate că a fi șeful cel mare, a câștiga mulți bani și a avea o mulțime de oameni în subordine ne face să ne simțim bine cu noi înșine. Cu toate acestea, acest lucru nu înseamnă că suntem o persoană bună, mai degrabă, este posibil să fie înrădăcinat atașamentul față de sentimentul plăcut de putere și auto-importanță! Prin alimentarea acestor emoții ne înlănțuim de ele, ceea ce ne face să suferim atunci când condițiile noastre se schimbă, așa cum se va întâmpla în mod inevitabil. Dacă nu ne-am agăța atât de mult de aceste emoții, cu siguranță că am suferi mai puțin.

Adesea, oamenii constată că au prea mult timp liber atunci când nu mai lucrează. Ceea ce mulți nu realizează însă, este că acest timp liber ne poate oferi o ocazie prețioasă de a ne dezvolta și de a ne descoperi natura interioară, făcând un efort pentru a cultiva toate calitățile bune pe care le-am menționat. Adesea, oamenii mor la o vârstă fragedă, într-o perioadă în care erau ocupați să gestioneze multe lucruri, cum ar fi consolidarea unei cariere sau creșterea copiilor. Suntem destul de norocoși să avem acum timpul și oportunitatea, fără atâtea lucruri exterioare care să ne distragă atenția, de a ne concentra mai mult asupra vieții noastre interioare. Vom avea întotdeauna multe de făcut, în fiecare zi, dacă ne concentrăm asupra minții și dezvoltării noastre interioare[33]. La început este posibil să trebuiască să dedicăm timp și efort considerabil acestei sarcini, dar, în curând, va deveni mult mai distractiv decât să ne uităm la televizor sau să jucăm bingo!

Așadar, cum ne putem dezvolta aceste calități interioare? Există multe modalități diferite de a realiza acest lucru ajutându-i pe alții, de exemplu, predând o limbă străină refugiaților, ajutând la o cantină pentru săraci, sau făcând voluntariat pentru consiliere telefonică. Implicarea în astfel de activități ne împiedică să simțim că avem prea mult timp liber, iar ajutându-i pe ceilalți vom experimenta din ce în ce mai multă fericire în viața noastră.

O viață activă și caritabilă poate fi, de asemenea, susținută de un angajament regulat de a „antrena mintea în înțelepciune", deoarece acest lucru îți poate face abilitatea de a-i ajuta pe alții și mai eficientă. Ai putea citi cărți de psihologie, religie sau filozofie, să reflectezi la ideile pe care le înveți, să le aplici la propria viață, sau să discuți aceste idei cu alții. Apoi, pe lângă bucuriile unei vieți altruiste, vei descoperi bucuria de a avea o minte ascuțită și înțeleaptă. În cele din urmă, având în vedere că în prezent oamenii de știință cred că și persoanele în vârstă pot genera noi celule cerebrale[34] prin antrenarea minții, un angajament regulat față de studiu sau reflecție, poate fi o modalitate puternică de a încetini deteriorarea memoriei legată de vârstă, care afectează din păcate atât de multe persoane.

Dacă suntem îngrijorați că nu suntem suficient de inteligenți pentru a petrece ore întregi citind cărți în încercarea de a ne spori înțelepciunea, este util să știm că există o mare diferență între a fi înțelept și a fi inteligent. O persoană înțeleaptă poate să nu aibă neapărat o educație bună sau o slujbă importantă. În schimb, poate să aibă doar o înțelegere practică, înnăscută, cu privire la ceea ce este important în viață și este posibil să fie în mod natural o persoană bună din fire. Există multe povești în Tibet despre oameni care au dus o viață extrem de simplă și nu au avut niciun fel de educație formală, dar care au fost întotdeauna recunoscuți pentru bunătatea și înțelepciunea lor.

Cum putem să fim ca acești oameni? Cheia este să ne gândim și să ne dorim în permanență ca toți ceilalți să fie fericiți și eliberați de suferință, în același mod în care o adevărată mamă nu vrea decât ce este mai bun pentru copilul ei. Dacă putem avea întotdeauna o inimă iubitoare, gândindu-ne la fiecare individ ca la cel mai drag copil al nostru, în timp ce mergem, vorbim, dormim, mâncăm sau facem orice fel de activitate, atunci, cu timpul, vom uita de propriul nostru interes și ne vom simți în mod natural mai fericiți și mai înțelepți. Chiar dacă suntem prea obosiți sau prea bolnavi pentru a-i ajuta efectiv pe alții, cel mai important lucru este să ne antrenăm mintea pentru a gândi într-un mod atent și empatic. Nu am nicio îndoială că vom deveni treptat oameni mai buni, mai înțelepți și mai fericiți.

FINANȚELE

La această vârstă atenția majorității oamenilor s-a îndepărtat în mod natural de preocuparea de a face bani, ceea ce este un lucru bun pentru fericirea noastră! Vreau totuși să menționez banii, deoarece modul în care ne folosim banii și bunurile la această vârstă rămâne important și, din păcate, există încă multe capcane în care putem cădea. Una dintre aceste capcane este zgârcenia. Unii oameni nu vor să cheltuiască bani pentru nimeni în afară de ei înșiși, în timp ce alții sunt atât de zgârciți încât nu vor cheltui bani nici măcar pentru ei înșiși. Ce nonsens este să nu cheltuiești niciodată nimic după o viață de muncă grea!

Dacă am economisit o sumă rezonabilă de bani, cum ar trebui să îi cheltuim? În această etapă a vieții, probabil că am învățat din experiență că este neverosimil ca banii să ne cumpere fericirea, deși pot fi cu siguranța de mare folos dacă îi folosim cu înțelepciune. Să presupunem că avem 5.000 de dolari de cheltuit. Am putea alege să mergem într-o vacanță pe o insulă tropicală, sau am putea dona acești bani unei familii sărace și să salvăm astfel viața cuiva care are nevoie de o operație. Deseori cheltuim banii pe o vacanță scumpă sau pe o mașină nouă pentru că ne dorim o schimbare, ne simțim nemulțumiți sau plictisiți de situația noastră actuală. Decizia luată poate părea foarte atrăgătoare la momentul respectiv, dar nu va duce la o fericire durabilă. A ajuta o altă ființă vie cu generozitate, în schimb, ne va oferi un sentiment imediat de stare de bine și va planta, de asemenea, o sămânță în mintea noastră pentru fericirea viitoare.

Acest lucru nu înseamnă, totuși, că ar trebui să ne dăm toți banii, să nu ne rămână aproape nimic pentru noi și apoi să ne îndatorăm pentru a cumpăra cadouri pentru alții. Unul dintre prietenii mei m-a informat că mulți oameni din Australia cheltuiesc de Crăciun sume mari de bani pe cadouri pentru familia și prietenii lor, uneori mult mai mult decât își pot permite cu adevărat. Motivația lor poate fi bună, dar acest tip de bunătate este adesea nepractic și lipsit de înțelepciune, mai ales dacă se chinuiesc să o scoată la capăt cu banii de pe o zi pe alta. Faptul că avem datorii ne poate limita foarte mult libertatea, însă această formă de suferință poate fi de obicei evitată dacă suntem înțelepți în ceea ce privește modul în care cheltuim.

Deși este important să fim generoși și să îi ajutăm pe alții, este, de asemenea, crucial să fim sinceri cu privire la situația noastră și să încercăm să vedem clar cât de mult ne putem permite. Ar trebui să ne întrebăm cum ne putem folosi averea cât mai eficient, luând în considerare toate circumstanțele. Aceasta este ceea ce eu înțeleg prin înțelepciune. De asemenea, amintiți-vă că a fi generos nu înseamnă doar a oferi daruri materiale. A dărui timp, dragoste și suport, de exemplu ajutând la gătit sau la curățenie în ziua de Crăciun, este la fel de important și de apreciat de cei din jurul nostru.

SINGURĂTATE ȘI INTOLERANȚĂ

Mulți oameni sunt îngrijorați sau chiar se tem că se vor simți singuri pe măsură ce îmbătrânesc. Există câteva lucruri practice pe care le putem face pentru a evita singurătatea. Dacă suntem capabili, ne putem implica alături de persoanele din comunitatea noastră care au nevoie de ajutor. Putem începe să predăm o limbă străină imigranților, să fim voluntari la o școală, sau să aflăm cum ne putem folosi abilitățile și expertiza pentru a ajuta organizații de voluntariat precum Crucea Roșie, biserica, sau templul nostru local.

Dacă nu suntem într-o formă fizică bună, dar mintea noastră este puternică, atunci studiul și practica spirituală pot fi un mod foarte satisfăcător de a ne petrece timpul. Așa cum mărturisesc pustnicii care merg în retrageri lungi, ne putem simți incredibil de aproape de ceilalți dacă meditam la compasiune și, de asemenea, ne putem dezvolta o bună concentrare interioară. Deși putem fi singuri, acest lucru nu înseamnă că trebuie să ne simțim singuri.

Implicarea în grupuri comunitare sau religioase este o modalitate bună de a cunoaște oameni noi și vom deveni prieteni cu mulți dintre ei. Cu toate acestea, unii dintre ei ne pot enerva. Menționez acest lucru pentru a aduce în discuție problema intoleranței, care cred că este un motiv important pentru care oamenii în Occident sunt adesea singuri. În cultura occidentală, mulți oameni par să-și prețuiască foarte mult „spațiul personal" și „libertatea personală", dorind să se asocieze doar cu oameni care au idei similare și personalități compatibile, cu toate că acest lucru creează în mod inevitabil bariere.

Prima observație pe care doresc să o fac este că nici o tradiție sau tip de personalitate nu este mai bună decât alta. A gândi altfel este doar un obicei de-al nostru și trebuie să învățăm să practicăm toleranța față de toată lumea, indiferent dacă persoana ne place imediat sau ne irită. Este ceva obișnuit să cunoști o persoană și să simți imediat o puternică aversiune față de ea, dar apoi, în timp, să ajungi să o placi și să o apreciezi. Acest lucru nu înseamnă că respectiva persoană și-a schimbat natura inerentă, ci mai degrabă că mintea *noastră* și-a transformat percepția asupra ei.

Un alt mod frecvent în care intoleranța devine o problemă este atunci când creăm bariere fizice sau emoționale în jurul nostru. Prin aceasta vreau să spun că putem crea bariere în mod involuntar, agățându-ne strâns de ideea că un anumit spațiu, sau un anumit timp, este doar pentru noi. Putem crede, de exemplu, că dacă cineva ne deschide ușa sau ne vizitează fără să ne anunțe, aceasta este o intruziune în spațiul nostru personal. Cât de diferit este acest lucru din Tibet! Când locuiam în mănăstirile din Tibet, nu conta dacă încercam să învăț, să mă îmbrac, sau chiar să mă spăl, ceilalți călugări se simțeau adesea ca acasă în camera mea și îmi umblau prin lucruri. Nu m-am simțit deranjat sau iritat, deoarece aceasta era o parte normală a culturii locului. Însă, după ce am trăit câțiva ani în Occident, dacă acum cineva mă vizitează fără să mă anunțe sau îmi deschide ușa, simt că acest lucru nu este chiar atât de potrivit.

Din păcate, conceptul nostru de spațiu personal creează adesea distanță între oameni, iar dacă suntem distanți, este mai probabil să ne simțim singuri. Dacă am trăi într-un mediu complet deschis, fără limite personale, ne-am putea enerva reciproc cu ușurință. Pe de altă parte, renunțarea la atitudinea conform căreia „avem nevoie" de spațiu personal poate duce la apropiere și toleranță reciprocă. Trebuie să mărturisesc că nu am știut cu adevărat ce este singurătatea până nu am venit în Occident, credeam că singurătatea este același lucru cu plictiseala! Acum, că sunt conștient de cât de mare este această problemă, consider că este deosebit de important să ajut oamenii să vadă dezavantajele atașamentului față de spațiul lor personal.

În acest moment aș dori să folosesc un exemplu personal pentru a ilustra un punct de vedere despre toleranță. Într-o mănăstire în care am locuit, era un călugăr cu un temperament foarte impulsiv, care se enerva repede de fiecare dată când alți călugări îl întrerupeau sau glumeau cu el. Ceilalți călugări își propuneau în mod intenționat să-l enerveze, din nou și din nou, deoarece era foarte ușor să-l înfurie. Acest lucru poate părea crud, dar, cu timpul, temperamentul și autocontrolul călugărului au devenit mult mai bune, deoarece și-a dat seama că furia sa nu aducea nimic și că era mai fericit atunci când practica toleranța față de ceilalți.

Toleranța nu se extinde doar asupra altor persoane. Avem foarte puțin control asupra a ceea ce se întâmplă în viața noastră, așa că ne vom confrunta în mod inevitabil cu multe evenimente externe, cu care am prefera să nu ne confruntăm. Dacă suntem intoleranți, ne va fi greu să obținem pacea, deoarece aceste evenimente ne vor provoca furie și suferință, distrugându-ne bunăvoința.

Alternativ, putem folosi fiecare situație care ne frustrează și fiecare persoană pe care o găsim enervantă, ca pe o oportunitate de a practica toleranța. Putem face acest lucru în fiecare zi până când devine un obicei. Mai întâi, familiarizează-te cu avantajele de a acționa în acest fel și cu dezavantajele de a nu face acest lucru, iar apoi, precum un ritual, fii conștient de practicarea toleranței tot timpul. Vei fi răsplătit cu mai multe relații de iubire și cu o minte la fel de liniștită ca un cer albastru fără nori.

RECUNOȘTINȚĂ

Recunoștința este o altă calitate mentală pozitivă pe care o putem practica în fiecare zi. Există un motiv foarte bun pentru a face acest lucru, deoarece sentimentul de recunoștință față de ceilalți ne face să ne simțim mai fericiți. Aceasta nu este doar o credință budistă - studiile psihologice au constatat, de asemenea, că recunoștința este un factor care contribuie la fericirea umană[35].

Uneori, când menționez acest lucru oamenilor, ei răspund că sunt prea nefericiți pentru a fi recunoscători. Îmi spun că sunt singuri, că au bani puțini, sau că nu au o relație bună cu copiii lor și, prin urmare, nu au pentru ce să fie recunoscători. Acest lucru nu este niciodată adevărat, deoarece există întotdeauna ceva pentru care să fim recunoscători, dacă suntem capabili să recunoaștem acest lucru. De exemplu, când am venit în Australia, a fost prima dată când am avut un telefon în casă. Ce invenție minunată! Dintr-o dată am putut să vorbesc cu oameni din cealaltă parte a lumii din propria mea casă. Cât de recunoscător am fost față de persoana care a inventat acest lucru! Am acum aceeași părere despre internet, despre zborul cu avionul și chiar despre banda adezivă, atunci când trebuie să lipesc ceva de perete. Ca să nu mai vorbim de oamenii mulți datorită cărora pot să-mi pun mâncare pe masă în fiecare zi și de cei care îmi oferă darul prieteniei lor.

Este posibil ca unii oameni să nu accepte acest raționament și să se gândească: „Trebuie să plătesc pentru multe dintre aceste lucruri, așa că de ce aș fi recunoscător?" Totuși, cineva a trebuit să proiecteze și să construiască avionul, să inventeze telefonul și banda adezivă, pentru ca eu să le pot folosi. Dacă aș fi fost cel mai bogat om din lume, dar nimeni nu ar fi inventat telefonul, atunci nu aș fi putut vorbi cu oameni de pe un alt continent! În plus, ar trebui să ne amintim că există multe lucruri pentru care să fim recunoscători și pe care nicio sumă de bani nu le poate cumpăra, cum ar fi bunătatea familiei și a prietenilor, sau frumusețea naturală a lumii înconjurătoare.

Simțind recunoștință pentru lucrurile din viața noastră de zi cu zi, suntem capabili să cultivăm fericirea în noi înșine. Acest lucru ne face mai puternici din punct de vedere mental și ne permite să facem față mai bine multor probleme ale vieții, inclusiv îmbătrânirii, pierderilor și, în cele din urmă, a morții. Cu toate acestea, este important să ne amintim că recunoștința are două fațete. Este minunat dacă ne simțim recunoscători pentru tot și pentru toți cei din jurul nostru. Însă, trebuie să ne ferim să devenim atașați de aceste lucruri, pentru că vom încerca să ne agățăm de ele și, inevitabil, vom suferi atunci când ne vor fi luate. Este dificil să înțelegem cu adevărat cum putem aprecia lucrurile fără a fi atașați de ele, dar aceasta este o abilitate esențială dacă dorim să trăim o viață fericită și plină de sens.

Amintiți-vă că orice lucru are și părți bune și părți rele, inclusiv telefonul, avionul și banda adezivă. Facturile noastre de telefon pot fi foarte mari, zborul nostru poate întârzia și s-ar putea să nu găsim capătul benzii adezive! Dar dacă nu ne simțim recunoscători pentru ceea ce avem și ne antrenăm mintea să se concentreze asupra punctelor negative, cu siguranță vom ajunge să fim nemulțumiți. Nu vom fi niciodată cu adevărat fericiți, deoarece este imposibil să avem tot timpul tot ceea ce ne dorim. În esență, deși lumea este plină de multă suferință, există și multe minuni. Cultivarea recunoștinței nu înseamnă să ajungem să vedem lumea prin lentile roz, ci mai degrabă să învățăm să apreciem aceste numeroase minuni pentru ceea ce sunt.

EXERCIȚIU - REFLECTÂND ASUPRA IMPERMANENȚEI

Amintește-ți unele dintre pierderile și schimbările la care ai asistat în această perioadă a vieții și contemplă următoarele gânduri:

- *Tot ceea ce se naște va îmbătrâni și va muri.*
- *Ceea ce a fost adunat va fi împrăștiat.*
- *Ceea ce a fost acumulat va fi epuizat.*
- *Ceea ce s-a înălțat se va prăbuși.*

În același fel, prietenia și dușmănia, norocul și necazul, toate gândurile care ne trec prin minte - totul este mereu în schimbare.

Amintește-ți că impermanența este pur și simplu adevărul vieții și, prin urmare, singurul lucru pe care îl avem cu adevărat este clipa de acum, prezentul.

Cum te-ar putea ajuta această înțelegere să faci față pierderii unei persoane dragi?

Cum ți-ar putea schimba perspectiva asupra diferitelor tipuri de pierderi cu care ne confruntăm - pierderea celor dragi, pierderea unui loc de muncă, sau pierderea a tot ceea ce prețuim?

De asemenea, poate fi util să-ți amintești că schimbările nu duc neapărat la ghinion. Uneori, acestea îți pot aduce beneficii majore, chiar dacă acest lucru nu este evident la început.

Reflectând asupra tuturor acestor întrebări, așază-te cu spatele drept, simte-ți corpul relaxat și respiră adânc și ușor. Ce lecții îți oferă adevărul impermanenței?

Pregătirea pentru plecarea din această viață

A şasea etapă a vieţii este ultima şi cea mai vitală oportunitate de autorealizare. Voi vorbi mai direct despre spiritualitate în acest capitol, deoarece la această vârstă practica spirituală este mult mai importantă pentru majoritatea oamenilor decât a fost oricând înainte. Nu contează ce s-a întâmplat în trecutul nostru. Nu are rost să avem regrete cu privire la modul în care ne-am trăit viaţa până în acest moment - trebuie să ne amintim că încă avem ocazia şi capacitatea de a lucra asupra minţii noastre şi de a atinge fericirea. Cel mai important este că în această etapă a vieţii, fără excepţie, toată lumea are ocazia să se pregătească pentru o moarte liniştită şi să folosească acest moment crucial ca o oportunitate de autorealizare.

Întrucât m-am format în budism, voi vorbi mai ales din punct de vedere budist. Cu toate acestea, în cultura occidentală există alte două doctrine majore care, din multe puncte de vedere, sunt la fel de valide – doctrina teistă, care provine în principal din tradiţiile creştine, evreieşti şi islamice, şi doctrina seculară, care îmbrăţişează ştiinţa şi are de obicei o perspectivă atee sau agnostică.

Din punct de vedere teist, ne putem pregăti pentru moarte prin cultivarea calităţilor de iubire şi compasiune, astfel încât să ajungem să fim mai „aproape de Dumnezeu". De asemenea, suntem încurajaţi să mărturisim cu adevărat, din inimă, toate acţiunile noastre negative, ştiind că niciodată nu este prea târziu să cerem iertare şi să găsim adevărata pace, dacă suntem sinceri. Putem accepta greutăţile şi suferinţa ca fiind „voia lui

Dumnezeu", iar acest lucru ne permite să găsim o stare de pace interioară, calm și încredere. Există, de asemenea, înțelegerea faptului că o persoană bună va merge în paradis ca urmare a faptelor sale bune și a credinței sale.

Din punct de vedere al doctrinei seculare, există mulți oameni care nu au așteptări deosebite cu privire la viața după moarte. Aceasta poate fi o atitudine foarte utilă, deoarece ne poate împiedica să ne agățăm de idei și concepte care s-ar putea dovedi nefolositoare, conducând astfel la mai puțină teamă și mai mult calm interior. Cu toate acestea, indiferent de convingerile noastre, vom fi descoperit până acum, prin experiența de viață, că bunătatea, compasiunea și o inimă bună sunt calități esențiale, care hrănesc fiecare aspect al vieții noastre. Atitudinile negative, pe de altă parte, nu fac decât să ne facă rău nouă înșine și celorlalți. Prin urmare, are sens să ne concentrăm asupra acestor calități pozitive atunci când suntem aproape de moarte și să facem tot posibilul să renunțăm la tot negativismul nostru. Dacă avem o convingere puternică că nu mai există nimic după moarte, într-un fel, și aceasta poate fi o atitudine utilă, deoarece ne poate ajuta să realizăm cât de incredibil de prețioasă este această viață și ne poate inspira să profităm la maximum de ea.

Acum voi prezenta câteva concepte din punct de vedere budist, care cred că pot fi utile tuturor, indiferent de contextul religios sau cultural. Speranța mea este că vei vedea cum se raportează aceste principii la propriul tău sistem de valori și apoi le vei aplica în propria viață.

KARMA

După faptă și răsplată.
- Proverb tradițional -

~

Cu gândurile noastre creăm lumea.

- Buddha -

~

Ce ai semănat, aceea vei culege.

- Iisus Hristos -

~

Majoritatea oamenilor, atât budiști, cât și non-budiști, sunt deja familiarizați cu conceptul de karma. Cu toate acestea, pentru a ne asigura că îl înțelegem clar, aș dori să folosesc câteva analogii.

Imaginați-vă că avem o cadă plină cu apă limpede și apoi punem niște pământ sau un colorant în ea. Apa va deveni tulbure. În același mod, mintea noastră este precum acea apă limpede, iar orice acțiune sau gând pe care îl avem se va imprima în fluxul minții noastre. Trebuie să înțelegem că orice gândim, spunem sau facem depinde de minte, deoarece acțiunile noastre încep cu mintea și se termină cu mintea. Prin urmare, mintea este ca un rege, iar corpul și vorbirea sunt ca niște servitori ai săi, care execută tot ceea ce mintea le ordonă. Astfel, tot ceea ce facem este imprimat în minte. Conform budismului, mintea grosieră și vorbirea depind de corpul fizic și, prin urmare, sunt temporare și destructibile, în timp ce mintea subtilă nu depinde de materia fizică și astfel dăinuie după ce murim. Din acest motiv, avem ideea de cicluri continue de viață, imprinturile din minte continuând de la o viață la alta.

O altă analogie este o bancă. Când câștigăm bani muncind din greu, îi punem într-o bancă, iar mai târziu, când trebuie să folosim acești bani, ei sunt acolo și ne așteaptă. În mod similar, atunci când avem un gând pozitiv sau facem o acțiune pozitivă, acumulăm merit pentru viitorul nostru. Însă, atunci când gândim sau acționăm într-un mod negativ, consumăm din acest merit, iar dacă retragem o sumă substanțială, va trebui în cele din urmă să plătim datoria.

Karma este un concept fundamental în budism[36], care se aplică și în cazul nostru, chiar dacă nu avem convingeri spirituale. Dacă ne purtăm nemilos sau fără considerație cu o persoană, acest lucru va avea două consecințe neplăcute. În primul rând, persoana respectivă va simți antipatie față de noi, iar în al doilea rând, noi vom regreta. Este posibil să nu observăm acest lucru la început, dar în adâncul nostru vom avea întotdeauna un regret în inimă, care va ieși la suprafață în cele din urmă. Pe de altă parte, după cum arată acum studiile psihologice, dacă suntem amabili cu cineva, ne vom simți noi înșine mai fericiți, iar cealaltă persoană va fi, în schimb, de asemenea mai amabilă cu noi[37]. Singura diferență reală între aceste fapte simple și ceea ce cred budiștii este ideea că purtăm în viața următoare karma pe care am acumulat-o în această viață.

Cum sunt create viețile noastre viitoare de karma noastră? Dacă suntem întotdeauna foarte generoși, vom observa în primul rând că oamenii din jurul nostru sunt la rândul lor generoși cu noi. Chiar putem observa că mulți oameni pe care nu i-am întâlnit niciodată sunt, de asemenea, generoși cu noi, astfel încât succesul financiar și alte forme de succes sunt ușor de obținut. Majoritatea dintre noi ar numi probabil acest lucru noroc, dar budiștii ar spune că aceste condiții externe favorabile sunt de fapt rezultatul karmei, al acțiunilor noastre bune precedente, din această viață sau din viețile anterioare. Pe de altă parte, dacă avem condiții externe potrivnice în prezent, este datorită karmei rele de care dorim să scăpăm. Acest lucru se bazează pe ideea că totul este interdependent și, prin urmare, nimic nu este întâmplător, chiar și ceea ce noi considerăm în mod normal a fi noroc sau ghinion.

Prin urmare, nu ar trebui să ne simțim descurajați dacă situația noastră este rea și nici mândri dacă suntem norocoși. Persoana care trăiește o „viață bună" folosește de fapt karma bună din banca sa de karmă, în timp ce persoana care trece prin greutăți consumă sau „purifică" karma rea. Cu toate acestea, amândouă au posibilitatea de a-și crea condiții bune în viața actuală și în cele viitoare, făcând fapte bune.

SUFERINȚĂ ȘI PURIFICARE

Pentru budiști, suferința este strâns legată de karmă. Buddha a afirmat că suferința este primul adevăr al vieții, dacă trebuie să trăim, trebuie să suferim[38]. Am aflat deja acest lucru, deoarece lucrurile merg prost în mod inevitabil – am experimentat inima frântă și pierdem oameni și lucruri la care ținem. Așadar, dacă nu putem evita evenimentele externe care provoacă suferință, atunci ce putem face pentru a o depăși? Răspunsul este că trebuie să înțelegem că în emoțiile noastre negative și în acțiunile noastre negative anterioare se găsesc cauzele fundamentale ale suferinței. Fiind conștienți de acest adevăr, putem învăța să generăm stări mentale virtuoase și să observăm, să acceptăm și să renunțăm la gândurile și emoțiile care ne trec prin minte, în loc să ne agățăm de ele. Prin acest proces ne putem reduce nivelul actual de suferință și, treptat, pas cu pas, putem elimina suferința cu totul.

Primul lucru pe care trebuie să-l înțelegem este că suferința este creată de noi înșine, de propria noastră minte, și de nimeni altcineva. Condițiile externe despre care credem că aduc suferință sunt, de fapt, condiții secundare, iar acestea sunt rezultatul karmei. Acest lucru nu înseamnă că ar trebui să ne învinovățim pentru condițiile noastre externe - învinovățirea nu este nici importantă, nici utilă. Mai degrabă, trebuie să înțelegem motivele pentru condițiile noastre externe și apoi să le abordăm.

Deci, dacă atât suferința din prezent cât și suferința din viitor sunt consecințe ale karmei negative, ce putem face în această privință? Suntem condamnați să trăim consecințele acțiunilor noastre din trecut, sau putem schimba această situație?

Din fericire, este posibil să ne purificăm karma trecutului, atât timp cât suntem sinceri în această privință. Acest lucru poate preveni suferințele viitoare și, de asemenea, poate diminua experimentarea suferinței în timpul procesului morții. Pentru a spăla ceva murdar avem nevoie de apă și săpun. Atunci când îndepărtăm karma negativă, avem nevoie de patru condiții:

1. **Regretul**
   Trebuie să generezi o acceptare sinceră a oricăror conflicte sau probleme care te-au tulburat de-a lungul vieții, împreună cu regretul pentru orice greșeală pe care ai comis-o. Aceasta include tot ceea ce nu îți amintești din această viață și poate și lucruri din viețile anterioare. Capacitatea de a-ți aminti totul nu este însă la fel de importantă ca forța și autenticitatea sentimentului pe care îl generezi. Te poți gândi: „Iată-mă, acesta sunt eu. Nu am nimic de ascuns. Mă accept pe deplin și îmi recunosc cu sinceritate toate defectele". Nu uita să nu confunzi regretul cu vinovăția sau rușinea toxică, deoarece ideea este să-ți afirmi deschis tendințele negative, fără a fi autocritic. Îți dai permisiunea să accepți fiecare parte a ceea ce ești ca ființă umană și apoi să renunți la tot ceea ce te apasă.

2. **Aplicarea antidotului**
   Acest lucru înseamnă că trebuie să te străduiești din greu să îndeplinești acțiuni bune și să cultivi stări de spirit virtuoase, deoarece aceasta face parte din procesul de purificare. Generează compasiune față de ceilalți și cere iertare în orice mod semnificativ pentru tine, cerând sau rugându-te pentru ajutor în vederea îndepărtării karmei negative. Mulți oameni consideră că este util să gândească în termeni de capitulare în fața unei „puteri superioare", fie că este vorba de Dumnezeu, Buddha, sau de potențialul uman comun de bunătate. Privind lucrurile din această perspectivă, s-ar putea să descoperi că ești capabil să îi ierți pe cei cărora le-

ai purtat pică, să vorbești deschis cu cei care s-au distanțat, sau chiar să rezolvi conflicte de lungă durată. Cu toate acestea, cel mai important rezultat al acestei practici este transformarea propriei tale stări de spirit.

3. **Fermitate**

Aceasta înseamnă că ar trebui să fii cu adevărat hotărât să nu repeți aceleași acțiuni sau obiceiuri care te-au făcut să ai o karmă negativă, sau să nu mai trăiești într-o stare de conflict emoțional. Importanța acestui lucru nu poate fi supraestimată. Determinarea ta ar trebui să fie de așa natură încât, chiar dacă viața ți-ar fi în joc, ai refuza să mai comiți acele acțiuni sau să gândești în acel fel. Se spune că o determinare tenace și sinceră poate fi suficient de puternică pentru a purifica karma negativă acumulată din mai multe vieți. Acest lucru nu depinde de durata timpului pe care îl petreci gândind în acest fel, ci mai degrabă de autenticitatea și puterea angajamentului tău.

4. **Concentrare**

În cele din urmă, trebuie să ai un grad ridicat de concentrare, gândindu-te intens la toate acțiunile negative pe care le-ai comis vreodată și recunoscând cu adevărat toate lucrurile pe care dorești să le schimbi. Te poți ruga cu ardoare ca toate acestea să fie spălate. Există mii de rugăciuni formale în budism și, de asemenea, multe în creștinism și în alte religii, dar dacă nu cunoști nicio rugăciune formală, poți spune pur și simplu orice îți vine din inimă. Nu contează cu adevărat ce spui, atâta timp cât este autentic și sincer. Atunci poate fi foarte puternic.

Suferința trăită la momentul morții poate fi mare. Totuși, suferința mentală a unei persoane este adesea mult mai mare decât suferința sa fizică. Învățând cum să purificăm karma negativă, experiența suferinței mentale poate fi mult redusă. Chiar și suferința fizică, deși încă trecem prin ea, nu ne va împovăra la fel de mult cum ar fi făcut-o odată. S-ar putea să mai experimentăm suferință, dar aceasta nu ne va copleși.

Psihologia occidentală a identificat diferitele etape prin care trecem după ce aflăm că avem o boală în fază terminală sau, de fapt, după ce ne confruntăm cu orice veste proastă neașteptată[39]. Acestea includ: negarea faptului că ceva nu este în regulă, furie sau frustrare pentru că lucrurile nu merg așa cum ne dorim, apoi depresie și pierderea încrederii atunci când vedem că suntem prinși în ceva asupra căruia nu avem niciun control. În cele din urmă, deși nu toți oamenii ajung în această etapă, putem ajunge la o stare de acceptare pașnică și autentică, învățând să renunțăm la toate luptele prin care am trecut și să privim viața cu un sentiment reînnoit de profunzime și înțelepciune. Dacă înțelegem adevărul despre suferință și muncim din greu pentru a ne purifica karma, putem ajunge mult mai repede la acest stadiu de pace și acceptare.

Un ultim punct este că, dacă suntem bolnavi și obosiți, este important să acceptăm suferința care vine odată cu acest lucru, mai degrabă decât să încercăm să luptăm împotriva ei, sau să ne forțăm să ne implicăm în lumea exterioară. Acceptarea suferinței ne scutește, de asemenea, de sentimentul de vinovăție că nu mai putem să respectăm angajamentele și responsabilitățile anterioare, ceea ce nu face decât să adauge durere inutilă suferinței prin care trecem deja. Cultura modernă este atât de concentrată pe a merge înainte și pe a ne menține ocupați, încât adesea este dificil să ne dăm cu adevărat permisiunea de a ne asculta corpul și de a ne odihni atunci când avem nevoie. Acest lucru este valabil pentru persoanele aflate în orice etapă a vieții, dar mai ales spre sfârșitul vieții, când mulți dintre noi sunt forțați să „încetinească" pentru prima dată.

COMPASIUNE

Dacă cineva este nefericit și are o problemă, îi sugerez adesea să practice compasiunea. S-ar putea să răspundă: „Sunt atât de nefericit, cum aș putea să am compasiune pentru alții?". Acest mod de gândire pare să sugereze că simpatia sau compătimirea față de ceilalți echivalează cu compasiunea și că vom suferi mai mult dacă ne asumăm poverile lor. Cu toate acestea, suferința apare de obicei atunci când ignorăm sentimentele celorlalți și suntem prinși în propria mândrie și în vanitate. Prin urmare, a genera compasiune adevărată față de ceilalți poate fi o modalitate foarte eficientă de a ne reduce propria suferință.

Deși practicarea compasiunii poate fi incredibil de benefică, mulți oameni au o idee limitată despre ceea ce este compasiunea de fapt, crezând că aceasta înseamnă să ne pară rău pentru alții, în timp ce noi rămânem cu un sentiment de disconfort. Concluzia logică ar putea fi: „Sentimentul de compasiune pentru altcineva mă face să sufăr și, prin urmare, nu ar trebui să mă gândesc la suferința altuia". Acesta este un mod de gândire foarte limitat, deoarece compasiunea autentică merge întotdeauna mână în mână cu înțelepciunea și, prin urmare, nu ar trebui să ne facă niciodată să suferim sau să devenim slabi. De ce se întâmplă acest lucru? Compasiunea autentică înseamnă că înțelegem cauzele suferinței și faptul că fiecare ființă vie, începând cu noi înșine, are potențialul de a depăși suferința. Prin asumarea mentală a suferinței altora, putem dezvolta o minte puternică și curajoasă care ne protejează de fapt de suferință!

Permiteți-mi să dau un exemplu despre cum putem combina compasiunea cu înțelepciunea. Dacă cineva împușcă o persoană sau îi fură bunurile, atunci, în mod normal, este ușor să simțim compasiune pentru cel care și-a pierdut banii sau chiar viața și să fim supărați pe persoana care a comis infracțiunea. Dar, combinând compasiunea cu înțelepciunea, ne dăm seama că ambele persoane pot deveni obiectul compasiunii. În primul rând, cel care a pierdut banii suferă ca urmare a mai multor factori, inclusiv a karmei sale negative anterioare, în timp ce persoana care a comis infracțiunea a făcut-o sub controlul unor emoții perturbatoare și și-a creat noi suferințe în viitor ca urmare a acțiunii sale (care pot chiar crește în viețile viitoare). Pe această bază, compasiunea poate fi extinsă în mod egal la toate ființele vii, prieteni și dușmani deopotrivă.

Acest tip de compasiune nu numai că încearcă să înțeleagă suferința celorlalți, dar ne face, de asemenea, pregătiți să acționăm pentru a le alina suferința. Este minunat dacă suntem în poziția de a-i ajuta pe alții, dar chiar dacă nu putem ajuta, trebuie să ne amintim că având compasiune ne vom ajuta cu siguranță pe noi înșine. A înțelege suferința celorlalți înseamnă a ne reduce propria suferință, deoarece ne dăm seama că trecem cu toții prin dificultăți similare și nu mai are sens să ne concentrăm pe propriile probleme. Asemenea undelor care se răspândesc atunci când o piatră este aruncată într-un iaz, o atitudine de compasiune îi poate ajuta și pe cei cu care interacționăm, cum ar fi prietenii și familia. Acest lucru poate fi un catalizator pentru construirea păcii între noi și ceilalți și, de asemenea, între alți oameni care văd exemplul nostru. Cine știe cât de departe se vor răspândi undele compasiunii noastre?

DEPĂȘIREA FRICII DE MOARTE

Să mori este ca și cum ți-ai schimba hainele.
- Sanctitatea Sa Dalai Lama -

∾

În general, oamenii tind să evite să se gândească la moarte, dar, mai devreme sau mai târziu, trebuie să ne dăm seama că este inevitabilă. Pe măsură ce înaintăm în vârstă, este posibil să simțim o teamă tot mai mare de moarte, teamă care se bazează în mare măsură pe trei factori principali. În primul rând, există teama de a-i pierde pe cei dragi și averea, împreună cu teama de anihilare. Apoi există teama de durerea fizică a morții. În cele din urmă, trebuie să ne confruntăm cu teama de a face față consecințelor faptelor rele pe care le-am comis, adesea însoțită de un profund sentiment de regret. Toate aceste temeri, însă, pot fi depășite dacă știm cum să le abordăm.

Din punct de vedere budist, atașamentul este sursa suferinței și, prin urmare, ar trebui să fie abandonat. Dacă suntem atașați de cei dragi, teama pe care o avem de a-i pierde ne poate provoca o suferință considerabilă. Pentru a atenua această teamă, este foarte util să ne gândim la toți cei cu care suntem conectați în această viață, chiar și la cei mai apropiați de noi, ca și cum ar fi asemenea oamenilor pe lângă care trecem pe stradă sau figurilor care apar într-un vis. În marea schemă a lucrurilor, ei sunt doar cunoștințe trecătoare.

Acest lucru nu înseamnă, totuși, că nu ne vom mai întâlni niciodată cu cei dragi. Într-adevăr, dacă renunțăm la atașament, există de fapt o șansă mai mare de a-i întâlni din nou, într-o situație favorabilă. Acest lucru se datorează faptului că interacțiunile pozitive pe care le-am avut cu ei, bazate pe bunătate și generozitate, ne vor aduce cu siguranță din nou împreună atunci când condițiile sunt potrivite. Deși trebuie să ne luăm rămas bun de la toți cei dragi, putem aștepta moartea cu plăcere, dacă o privim ca pe un nou început care așteaptă să se desfășoare și suntem capabili să ne diminuăm atașamentul față de vechea viață.

De asemenea, este posibil să avem o teamă adânc înrădăcinată de durerea fizică. Ca răspuns la această problemă, poate fi util să fim conștienți de faptul că nu toată lumea are parte de o moarte dureroasă. De fapt, mulți oameni mor fără durere și cu o minte cu adevărat liniștită. Cu toate acestea, dacă experimentăm durere, este util să generăm o minte puternică și o atitudine prin care acceptăm în mod curajos durerea, în loc să o privim cu teamă sau aversiune. Mai important, ar trebui să fim conștienți de faptul că durerea pe care o experimentăm poate fi o modalitate de a purifica cantități enorme de karma negativă, mai ales dacă suntem capabili să păstrăm o stare virtuoasă a minții. Atunci când suntem bolnavi, experiența durerii este adesea un semn că organismul nostru se vindecă. Este util să gândim în același mod atunci când corpul nostru trece prin tranziția către o nouă naștere.

În al doilea rând, este esențial ca mintea să nu fie ocupată doar de durere, sau să nu se agațe de ea. Chiar și atunci când ne confruntăm cu durerea, felul în care îi facem față depinde de cât de mult putem renunța la reacția noastră la senzația de durere, care uneori este copleșitoare. Prin urmare, este util să învățăm cum să „privim" durerea, să o lăsăm să se estompeze în fundal, sau să o considerăm doar o senzație, umplându-ne mintea cu gânduri puternice și virtuoase, cum ar fi credința în Dumnezeu sau orice altceva care reprezintă adevărul nostru cel mai profund.

Pentru a face față sentimentelor de regret, trebuie mai întâi să înțelegem că este bine să simțim un sentiment de regret pentru orice acțiuni greșite pe care le-am comis. Trebuie să ne amintim că orice acțiuni negative și rezultatele lor sunt doar temporare și, prin urmare, nu ar trebui să ne definească cine suntem. În schimb, adevărata noastră natură este în mod fundamental pură și nepoluată de emoții perturbatoare, la fel ca un cer senin, nepătat de nori. Cu cât este mai mare sentimentul nostru de regret sincer pentru toate acțiunile noastre greșite, cu atât este mai mare puterea noastră de a ne purifica folosind cele patru condiții menționate anterior - regretul, aplicarea unui antidot, fermitate și concentrare. Nu uita, regretul autentic nu înseamnă că ar trebui să ne complăcem în sentimente de vinovăție și să nu facem nimic. În schimb, ar trebui să ne motiveze să acceptăm cu adevărat cine suntem și ceea ce s-a întâmplat în timpul vieții noastre și să facem tot posibilul să eliminăm stările mentale nevirtuoase și să cultivăm calități mentale virtuoase.

De asemenea, poate fi foarte util să înțelegem ce se întâmplă atunci când murim. Multe dintre aceste cunoștințe provin din practicile tantrice ale budismului tibetan, prin care renumiți practicanți s-au antrenat să treacă conștient prin experiența morții în timp ce erau încă în viață. Suntem foarte norocoși că astfel de cunoștințe sunt acum disponibile pe scară largă, deoarece ne pot ajuta să știm exact la ce să ne așteptăm în timpul procesului morții și ne ajută să depășim frica de anihilare.

Moartea este de fapt un proces pe care îl experimentăm în fiecare zi când adormim. Atunci, mintea grosieră, care constă în gândurile și emoțiile noastre obișnuite, se dizolvă în mintea subtilă și putem experimenta când se întâmplă acest lucru sentimente precum fericire extatică și claritate. Când murim, mintea subtilă devine și mai subtilă, iar energiile corpului fizic se dizolvă una câte una în cele patru elemente: pământ, apă, foc și vânt. Acesta este motivul pentru care, atunci când murim, ne simțim mai întâi extrem de grei, ca și cum ne-am îneca, deoarece elementul pământ se dizolvă treptat în elementul apă. Apoi ne simțim extrem de deshidratați, deoarece elementul apă se dizolvă, iar apoi corpul nostru devine rece odată cu dizolvarea elementului foc. În cele din urmă, ne este greu să ne mișcăm și, treptat, respirația noastră se oprește pe măsură ce elementul vânt se dizolvă.

Există mult mai multe detalii privind acest proces de disoluție[40], care pot fi găsite în cărți dedicate acestui subiect. Cu toate acestea, este important de știut că procesul nu este complet atunci când încetează respirația. Deși atât respirația cât și bătăile inimii au încetat și, în mod normal, persoana este considerată decedată, procesele mentale ale muribundului continuă și, prin urmare, este recomandabil să nu îl miști pentru o anumită perioadă de timp, sau să îi distragi atenția prin zgomot. Astfel de întreruperi ar putea perturba de fapt mintea subtilă a muribundului în timp ce au loc fazele finale ale disoluției, ducând la tulburări mentale în timpul anumitor etape.

În Tibet, există multe cazuri de practicanți spirituali care au demonstrat o stăpânire completă a procesului morții, iar adesea corpurile lor rămân calde, în special în zona centrului inimii, multe zile după ce respirația a încetat. Pentru a da un exemplu, propriul meu profesor, Lama Lobsang Trinley, și fratele său spiritual Lama Rinpal, au fost capabili să își anunțe momentul morții și au decedat în adâncă absorbție meditativă, fără să fie bolnavi. Măreţul al 16-lea Karmapa a fost mereu vesel în timpul bolii sale terminale și, la multe zile după moartea sa, s-a constatat că inima sa era în continuare caldă[41], ceea ce a uimit medicii și oamenii de știință occidentali. Acest lucru arată că încă există o legătură între minte și corp, mult timp după ce, în mod normal, credem că o persoană a „murit".

Însă, pentru majoritatea oamenilor, în timp ce se separă de corpul lor actual, mintea lor subtilă devine treptat mai grosieră și sunt împinși către o nouă renaștere. Acest lucru este detaliat în „învățăturile bardo", termenul bardo descriind o stare intermediară, sau un proces intermediar între o viață și următoarea. În această stare, conștiința noastră reapare, cu capacitatea de a percepe, a simți și a recunoaște din nou lucrurile, dar fără suportul unui corp fizic. În general, după o perioadă de tranziție, care se spune că durează aproximativ șapte săptămâni, această conștiință renaște într-un nou corp[42].

Cu toții ne dorim o moarte liniștită, dar aceasta depinde de modul în care ne-am trăit viața. Este important să trăim o viață liniștită și să ne străduim din greu să dezvoltăm calități mentale bune, cum ar fi bunătatea, compasiunea, iertarea și toleranța. Pe măsură ce ne apropiem de moarte, este extrem de important să ne concentrăm pe dezvoltarea acestor calități, deoarece acesta este un moment foarte puternic și avem o mare oportunitate de a ne asigura o moarte liniștită și o renaștere de bun augur.

PRACTICI PENTRU MOMENTUL MORȚII

Există două practici spirituale importante pe care le putem efectua pentru a avea o moarte liniștită. Prima este o practică mai extinsă de purificare, pe care o putem face fie cu ceva timp înainte de moarte, fie în momentul morții, dacă avem energia necesară. A doua practică este o metodă foarte specială și concretă, care ne ajută să renaștem într-un tărâm pur sau în rai. Un astfel de tărâm oglindește calitățile ființelor iluminate și este lipsit de suferință, deoarece nu există nicio șansă să apară stări mentale perturbatoare, iar ființele care locuiesc acolo posedă în mod spontan stări mentale virtuoase și percepție divină.

Totuși, ambele practici se bazează pe capacitatea noastră de a dezvolta o minte calmă și liniștită. Prin urmare, este esențial să învățăm mai întâi elementele de bază ale practicii meditației. De aceea, voi oferi o scurtă prezentare generală a modului în care se meditează, înainte de a descrie aceste practici importante.

Să învățăm să medităm

Din nefericire, mințile noastre sunt de obicei atât de împrăștiate, încât este dificil să ne concentrăm asupra unui obiect fără să ne pierdem concentrarea. Deci, este esențial să învățăm o metodă, sau o rutină, pentru a aduce mintea și corpul într-o stare relaxată, calmă și alertă, oricând dorim[43]. Acest lucru începe prin cunoașterea posturilor corecte de meditație.

Cele patru posturi de meditație

Se poate medita în timp ce stai așezat sau întins, în timp ce mergi sau stai în picioare, iar fiecare dintre aceste poziții poate fi folosită în mod formal sau informal.

Dacă stai așezat, ar trebui să folosești un scaun confortabil, tapițat și cu spătar drept, un taburet de meditație sau o pernă. Mâinile se odihnesc împreună fie în poală, fie pe coapse, în timp ce spatele este menținut drept, iar bărbia ușor retrasă. Maxilarul, limba, umerii și abdomenul sunt relaxate, iar ochii sunt închiși, sau întredeschiși privind ușor în jos. Plasarea limbii în spatele dinților de sus poate face mintea mai alertă, în timp ce menținerea ei în spatele dinților de jos te poate ajuta să atingi o stare mai relaxată și mai calmă.

Pentru a sta întins, te poți așeza fie pe spate cu brațele așezate pe lângă corp și cu palmele deschise, fie pe partea dreaptă, cu palma dreaptă sub față, cu picioarele lipite și genunchii ușor îndoiți și cu brațul stâng așezat peste partea stângă a corpului. Când mergi sau stai în picioare, trebuie să ții mâna dreaptă în mâna stângă, în fața corpului, lăsând brațele să atârne în mod natural și având grijă să păstrezi o postură dreaptă și în același timp relaxată.

Metoda de meditație de bază

Toate tipurile de meditație urmează aceeași metodă de bază, iar aceasta începe prin relaxarea conștientă a corpului. O modalitate bună de a realiza acest lucru este de a face înainte de meditație unele „exerciții de destindere" ușoare, cum ar fi scuturarea sau masarea diferitelor părți ale corpului, sau efectuarea unor întinderi ușoare de yoga. Ar trebui apoi să renunți în mod conștient la toate preocupările legate de trecut și viitor, hotărându-te să devii cineva „fără istoric" în timp ce meditezi. Concentrează-ți apoi mintea pe conștientizarea momentului prezent, incluzând respirația, prezența fizică a corpului, senzațiile din corp, sunetele din jur și starea minții, observând cum toate aceste lucruri apar și dispar.

Odată ce atenția conștientă este bine stabilizată, poți continua să te concentrezi asupra momentului prezent ancorat de conștientizarea respirației prin întregul corp, știind dacă respirația este lungă sau scurtă. Alternativ, îți poți îndrepta atenția către un obiect specific de meditație, cum ar fi o vizualizare, un sunet, contemplarea unui subiect precum bunătatea iubitoare, sau simpla conștientizare a respirației la nivelul inimii sau al vârfului nasului.

Este inevitabil să apară gânduri și ar trebui doar să le urmărești, sau să le observi, cu „aspectul de conștientizare" al minții, fără să te agăți de ele, apoi să te întorci ușor la obiectul meditației. Sunetele și alte senzaţii vor fi în continuare prezente în fundal. O parte a minţii tale va fi conştientă de aceste senzaţii, însă ele nu trebuie să-ţi perturbe atenţia conştientă dacă le poţi observa pur şi simplu fără să reacţionezi. Practicând în acest fel, ar trebui să ajungi în cele din urmă la o stare în care corpul este relaxat, emoţiile sunt domolite şi mintea este clară.

La început, sesiunile scurte şi frecvente sunt cea mai bună modalitate de a dezvolta o stare de spirit calmă şi echilibrată. În acest fel, practica va fi plăcută şi interesantă şi vei observa cu siguranţă o diferenţă după ce vei practica de ceva timp. O stare de spirit calmă îţi va permite să simţiţi cu adevărat efectul celor două practici care urmează şi să obţii o înţelegere reală a adevăratei lor semnificaţii.

Practica de purificare

Cea mai importantă sarcină în pregătirea pentru moarte este să ne purificăm karma negativă. Acest lucru necesită cele patru condiţii pe care le-am prezentat anterior: regretul, aplicarea antidotului, fermitate şi concentrare. Putem face această practică şi mai puternică cu ajutorul unei vizualizări speciale, pe care budiştii o numesc Vajrasattva[44]. Vajrasattva este o zeitate albă excepţională, care întruchipează puritatea, compasiunea şi puterea de a vindeca. Dacă ai înclinaţii spirituale diferite, este important să efectuezi această practică cu sprijinul a ceea ce reprezintă acest adevăr pentru tine. De exemplu, poţi alege să îl vizualizezi pe Iisus, o prezenţă iubitoare sub forma unei lumini albe radiante, sau poate o imagine din natură, cum ar fi soarele strălucind printr-o ploaie de picături de lumină.

Adoptă mai întâi una dintre posturile de meditaţie descrise mai sus, oricare îţi este mai confortabilă. Aminteşte-ţi orice ai făcut greşit în această viaţă şi recunoaşte deschis acest lucru, împreună cu toată durerea pe care ai acumulat-o, indiferent de motiv. De asemenea, poţi recunoaşte că ai comis multe acte negative de-a lungul mai multor vieţi. Vizualizează forma lui Vajrasattva (sau orice întruchipează acest adevăr pentru tine) deasupra capului, de culoare albă precum a lunii, dar translucidă, împodobit cu bijuterii și așezat cu picioarele încrucișate pe o floare de lotus albă. Cere cu sinceritate sufletească: „Mă rog ție, Cel plin de compasiune, te rog, purifică toată karma mea negativă!".

Vajrasattva, personificarea purității în tradiția budistă tibetană

Apoi, vizualizează nectarul divin de fericire extatică, compasiune și iertare, asemănător picăturilor de lapte, care curge din inima lui Vajrasattva și pătrunde în fiecare por al pielii și în fiecare celulă a corpului tău, spălându-ți toată karma negativă și emoțiile dăunătoare. Toată murdăria este spălată și iese prin partea inferioară a corpului, sub formă de fum negru, lichid negru sau sânge murdar, dispărând sub pământ. Încet-încet, nectarul divin îți umple apoi corpul, care devine asemenea unui cristal, ca și cum ai fi turnat lapte într-un pahar. Aceasta nu este doar o vizualizare, este ceva ce poți simți cu adevărat în tot corpul.

Dacă vizualizarea ți se pare dificilă, o formă alternativă a practicii este să vizualizezi căldura soarelui umplându-ți treptat corpul, urmată de o ploaie ușoară de lumină, care îți spală pielea și apoi toți mușchii, oasele și organele interne. Cel mai bine este să adopți o formă a practicii care îți evocă cel mai bine un sentiment de calm, beatitudine și strălucire în tot corpul.

În fiecare zi, cât de des poți, ar trebui să continui cu această vizualizare și să devii încrezător că ți-ai purificat karma negativă și emoțiile dăunătoare. În cele din urmă, când ți-ai purificat suficient karma, nu te vei mai teme de moarte și nu vei mai fi chinuit de regrete, deschizându-ți calea către o moarte liniștită și o renaștere prețioasă. Îți poți da seama că practica funcționează atunci când poți să simți nectarul alb, radiant și plin de fericire extatică umplându-ți întregul corp și vei avea convingerea că ești purificat, ca și cum o greutate mare ți-a fost îndepărtată de pe umeri.

De ce Vajrasattva? În tradiția budistă, se spune că a existat odată un sfânt cunoscut sub numele de Vajrasattva, care a atins iluminarea cu aspirația de a purifica karma negativă a celorlalți oameni, ceea ce este similar cu moartea lui Hristos pe cruce pentru a purifica păcatele lumii. Prin urmare, rugăciunea însoțită de sprijinul lui Vajrasattva, sau al lui Iisus dacă ești creștin, poate fi deosebit de puternică.

Practică pentru o renaștere liberă de suferință

Dacă avem dorința de a renaște frumoși, bogați sau puternici, acest lucru este cu siguranță realizabil, însă trebuie să avem metoda de a ne purifica karma negativă și aspirația de a renaște în acest fel. Cu toate acestea, a te renaște frumos, bogat sau puternic, nu garantează că vei fi scutit de suferință în viețile tale viitoare.

Dacă ne dorim cu adevărat să ne eliberăm de suferință, cel mai bine este să aspirăm la renașterea într-un tărâm pur sau într-un tărâm ceresc. Există o întreagă școală budistă („Școala Tărâmului Pur"), care pune accentul pe antrenarea minții cu această aspirație, astfel încât, pe măsură ce ne apropiem de momentul morții, să putem fi încrezători și familiarizați cu tranziția către renașterea în tărâmul pur numit Sukhavati. Deși aceste învățături provin din scripturile budiste și datează de multe secole, ele nu sunt învechite și nici nu sunt doar dogme. Dimpotrivă, au fost confirmate de nenumărate ori prin experiența directă a practicanților extrem de realizați chiar și în zilele noastre, iar în multe ocazii moartea acestor practicanți a fost însoțită de semne miraculoase. Într-adevăr, am fost martor la acest lucru în Tibet de multe ori. Pentru a da un exemplu, odată, o femeie din satul meu care era pe moarte din cauza unui cancer la gât, mi-a spus că de câteva săptămâni trăia cu frica de moarte, până când, într-o zi, a avut o viziune cu Buddha Amitabha Roșu care stătea în fața ei. Din acel moment, și-a pierdut complet teama de moarte și s-a simțit veselă și relaxată, fără niciun fel de grijă pentru durerea fizică.

Buddha Amitabha

Practicând cu sârguință meditația pentru a ne familiariza cu tărâmul Sukhavati, vom crea condițiile pentru o moarte fără teamă, liniștită și plină de bucurie, încrezători că vom avea o nouă renaștere minunată. Te rog să înțelegi că această practică nu este doar pentru budiști. Dacă ai o credință puternică în Dumnezeu, sau într-o ființă măreață precum Iisus, aceasta este Sukhavati pentru tine și, prin urmare, practica ta va fi în continuare eficientă.

De ce este Sukhavati atât de special? La fel cum Vajrasattva și-a dedicat iluminarea purificării karmei noastre negative, se spune că un bodhisattva, sau o ființă măreață, cunoscut sub numele de Amitabha, a aspirat odată să elibereze oamenii de suferință în momentul morții și, prin iluminarea sa, a creat raiul Sukhavati. Aceasta nu înseamnă că el a construit acel loc. Mai degrabă, a dedicat oceane de karmă pozitivă astfel încât să se manifeste un tărâm pur, în care oamenii să renască dacă aspirațiile lor sunt cu adevărat sincere.

Dacă am renăscut într-un tărâm pur, atunci suntem perfecți din naștere, posedăm în mod natural calități mentale supreme, mult superioare, de fapt, calităților pe care le-am descris în această carte. În special, avem devotament, sârguință, memorie excepțională și clarviziune, concentrare, compasiune și înțelepciune. Ne naștem astfel, ființe perfecte din punct de vedere fizic și mental, cu o alură divină. Deși putem avea încă anumite înclinații, nu există nicio posibilitate ca emoțiile negative sau obiceiurile proaste să pună stăpânire pe noi, deoarece condițiile externe sunt binecuvântate de puterea divină a lui Amitabha. De exemplu, nu există nimeni care să provoace dispute și nici condiții de mediu care să ducă la orice tip de degradare, suferință sau emoții negative. Prin urmare, toată karma noastră va fi purificată în mod natural și nu ne vom mai naște niciodată într-un tărâm impur decât prin propria noastră alegere. Vom fi cu adevărat liberi.

Cum ajungem în tărâmul pur al lui Amitabha? Învățăturile vorbesc despre patru condiții, care sunt foarte simple și eficiente. Reține că aceasta este o practică extraordinar de prețioasă și de puternică. Este extrem de rar să afli despre această învățătură și să ai norocul de a o practica.

1. Aspirație sinceră

Trebuie să ai o intenție și o dorință cu adevărat sincere de a renaște în Sukhavati. În mod normal, ne gândim la dorință ca la un obstacol în calea unei morți liniștite, totuși, în acest caz, avem o șansă unică de a folosi această emoție pentru a aspira să renaștem în Sukhavati. Ca ființe umane, suntem de obicei controlați de dorință, dar acum avem șansa de a o direcționa astfel încât să putem ajunge în tărâmul pur al lui Amitabha.

2. Familiarizare

Trebuie să te familiarizezi cu tărâmul pur și mai ales cu forma lui Amitabha, care este precum o poartă de intrare în Sukhavati. Prin urmare, se recomandă să faci o practică de vizualizare, fie a lui Buddha Amitabha, fie a oricărei imagini divine cu care simți că ai o conexiune sufletească, adoptând una dintre posturile formale de meditație descrise mai sus.

Amitabha este reprezentat în mod tradițional ca fiind de culoare roșu rubiniu, precum un munte rubiniu strălucind în lumina a o mie de sori. El poartă veșmântul simplu al unui călugăr, stând cu picioarele încrucișate și cu mâinile în poziția de meditație (mâna dreaptă peste cea stângă, odihnindu-se în poală). Culoarea roșie simbolizează dorința umană, Buddha Amitabha manifestându-se pentru a ne elibera prin dorință. Tradițional, forma sa este vizualizată deasupra creștetului capului sau în fața noastră, la nivelul frunții, cu fața spre noi. În mod normal, imaginea este mult mai mare decât dimensiunea unei ființe umane, chiar de mărimea unui munte, deși poate fi de orice dimensiune cu care te simți confortabil. Poți apoi să-ți imaginezi o bunătate iubitoare incomensurabilă care se extinde din inima lui Amitabha sub forma unei lumini roșii sau roz, conectându-se cu fiecare ființă vie din univers.

Dacă această vizualizare nu este un lucru ușor, o formă alternativă este să-ți imaginezi un trandafir roșu în centrul inimii tale, care se deschide încet și radiază o lumină roșie sau roz în fiecare parte a corpului tău. Apoi, poți vizualiza această lumină ca fiind o sferă ce se extinde treptat dincolo de corpul tău, realizând, în mod similar, o conexiune cu fiecare ființă vie.

Este foarte bine dacă poți păstra această vizualizare cu claritate în minte, consolidând-o prin practică regulată. Ar trebui să vizualizezi acest lucru în fiecare zi, cât de des poți, iar și iar, până când devii atât de familiarizat cu ea încât poți simți prezența lui Amitabha. Este important să simți o apropiere sau un sentiment puternic de conexiune cu Amitabha. Totuși, dacă această vizualizare ți se pare dificilă, atunci umple-ți mintea doar cu culoarea sa roșu rubiniu și cu extraordinara sa iubire și compasiune față de tine și față de toate ființele. Un ultim aspect este că, atunci când vizualizăm, nu inventăm ceva, ca atunci când ne imaginăm o bucată de lemn transformându-se în aur, mai degrabă, încercăm să intrăm în contact cu o realitate mai profundă.

De asemenea, este bine să ne familiarizăm cu unele dintre caracteristicile unice ale tărâmului Sukhavati[45], care sunt descrise în detaliu în diferite texte budiste. Așa cum am menționat anterior, nu există nicio posibilitate ca perturbările mentale să apară, deoarece mediul și locuitorii săi sunt de o natură atât de pură.

3. Acumulare de merite

Trebuie să încerci pe cât posibil să faci fapte bune și să dezvolți calități mentale virtuoase. Fii bun cu ceilalți, evită furia și gelozia și învață să ierți și să renunți la orice lucru de care ești atașat. Amintește-ți că încerci să-ți transformi mintea pentru a putea renaște în Sukhavati. De asemenea, roagă-te să renaști acolo în beneficiul tuturor ființelor vii, deoarece, atunci când vei renaște acolo vei avea mult mai multă libertate și abilitate de a aduce beneficii celorlalți, posedând anumite puteri divine care sunt dincolo de înțelegerea noastră obișnuită. Cultivă meritul și acțiunile bune pe tot parcursul zilei și evită faptele negative. În fiecare dimineață, confirmă-ți motivația, luând decizia de a fi bun și plin de compasiune, mai degrabă decât motivat de propriul interes. Propune-ți să nu irosești ziua, ci să o folosești cu înțelepciune pentru a acumula merite, cu aspirația de a renaște în Sukhavati. În fiecare seară, reflectează asupra acțiunilor tale. Fii conștient atât de acțiunile tale virtuoase, cât și de cele dăunătoare, dedică fapte tale bune și bucură-te, hotărât să nu repeți niciodată acțiunile tale negative în viitor.

4. Dedicare

Ar trebui să dedici toate faptele bune pe care le-ai săvârșit de-a lungul vieții, precum și oceanele de fapte bune săvârșite de alții despre care știi sau pe care ți le poți imagina, pentru a obține o renaștere divină. Dedicarea faptelor bune ale altora, pe lângă cele proprii, sporește puterea aspirației noastre. De fiecare dată când faci o faptă bună, dedic-o printr-o rugăciune sinceră, exprimându-ți dorința sinceră de a renaște în Sukhavati de dragul celorlalți. Gândește-te: „Fie ca eu să-mi dedic virtuțile împreună cu virtuțile tuturor ființelor, astfel încât să pot renaște în Sukhavati în beneficiul tuturor celorlalți. Fie ca eu să dedic aceste virtuți înlăturării tuturor obstacolelor din calea săvârșirii acestei practici. De asemenea, fie să dedic aceste virtuți pentru ca toate ființele să aibă norocul de a primi și practica aceste învățături".

Asigură-te că nu îți dedici faptele bune pentru o viitoare renaștere cu sănătate, frumusețe, bogăție, poziție socială și așa mai departe. Aceste calități sunt limitate și se vor epuiza. Dacă dedicațiile tale sunt pentru renașterea în Sukhavati, vei descoperi aceste calități și multe altele, nelimitate, care depășesc cu adevărat orice imaginație.

VIAȚA DUPĂ MOARTE

Ce se întâmplă de fapt când murim dacă ne-am antrenat bine în practica Amitabha? Învățăturile vorbesc despre nașterea miraculoasă dintr-o floare de lotus, despre fuziunea cu o lumină caldă, infinită și despre experiența de a vedea imediat chipul lui Amitabha sau de a simți prezența sa iubitoare. Putem să primim o profeție a propriei noastre iluminări, sau putem fi ghidați de ființe iluminate către propria renaștere.

Dacă ne familiarizăm și dezvoltăm o credință puternică în Amitabha, atunci îl putem vedea clar înainte de moarte, iar această experiență directă ne va îndepărta complet teama de moarte. Deși poate părea de necrezut, nu este doar o superstiție. În provincia mea din Tibet, am cunoscut oameni care aveau o viață ocupată și nu aveau timp să se concentreze asupra practicii spirituale, dar, mai târziu, și-au îndreptat atenția către meditația Amitabha. Pe măsură ce se apropiau de bătrânețe și de moarte, mulți dintre ei au avut viziuni ale lui Amitabha și s-au simțit foarte veseli și încrezători. Fiecare dintre ei a experimentat o moarte pașnică, fără frică și fără durere. Am fost martor direct la aceste întâmplări cu doar câțiva ani în urmă - nu este doar o poveste.

Se aplică toate acestea occidentalilor? Cu siguranță! Cei care au trecut printr-o experiență apropiată de moarte vorbesc adesea despre faptul că au fost atrași și apoi învăluiți de o lumină[46], precum și de o prezență a iubirii necondiționate. A fost deosebit de interesat să citesc despre faptul că Elizabeth Kubler-Ross[47], faimoasă pentru munca sa cu muribunzii, a descris o experiență foarte asemănătoare în autobiografia sa, cu puțin timp înainte de propria moarte. Ea își amintește că și-a părăsit corpul și a văzut în fața ei multe flori de lotus incredibil de frumoase și o lumină, știind că trebuie să treacă printr-o anumită floare de lotus gigantică și să fuzioneze cu lumina și cu prezența iubitoare a acesteia. După această experiență, ea și-a pierdut definitiv teama de moarte:

Nu trebuie să te temi de moarte. Poate fi cea mai minunată experiență din viața ta. Totul depinde de modul în care ai trăit.[48]

Acest lucru este similar în multe privințe cu experiența practicanților Amitabha din Tibet. Deși ea nu a menționat că a văzut o ființă roșie ca rubinul, nu este necesar ca detaliile specifice să fie identice, deoarece percepția cuiva depinde de modul în care este antrenată mintea sa. Ceea ce este mai important, este să recunoaștem nevoia de a trăi ca o ființă umană bună, cu credință și compasiune puternice, dobândind încrederea de nezdruncinat că vom avea o moarte liniștită și fără teamă.

Chiar dacă nu ne-am familiarizat atât de mult cu practica Amitabha sau pur și simplu nu ne putem raporta la ea, trebuie să ne reamintim că toate învățăturile spirituale ne informează despre posibilitatea vieții după moarte. În tradiția tibetană, există multe dovezi care sugerează că aceasta nu este doar o convingere bazată pe o credință oarbă. Unul dintre cele mai elocvente exemple este Dalai Lama, a cărui încarnare actuală este Tenzin Gyatso, cunoscut și ca Sanctitatea Sa al 14-lea Dalai Lama. Acesta a fost recunoscut la o vârstă fragedă ca fiind întruparea celui de-al 13-lea Dalai Lama, printr-un proces riguros de examinare, care a inclus, printre altele, testarea capacității sale de a recunoaște obiecte familiare din viața sa anterioară. Mai mult, el a progresat într-un ritm neobișnuit de rapid în studiile sale în comparație cu alți călugări, ceea ce sugerează o mulțime de „abilități spirituale" înnăscute. În plus, la sfârșitul fiecărei vieți, Sanctitatea Sa indică locul în care se va renaște în viața următoare, sugerând că are suficient control asupra minții sale pentru a-și alege circumstanțele renașterii și că angajamentul său profund față de bunăstarea poporului tibetan este un legământ menit să dureze mai multe vieți.

În mod similar, există multe cazuri de tulku tibetani, sau reîncarnări recunoscute, care aleg să revină, viață după viață, pentru a-și continua munca, la mănăstirea lor sau chiar în străinătate, oricare ar fi aspirațiile lor. Nu numai că sunt recunoscuți prin teste specifice și prin interpretarea atentă a „semnelor", dar mulți dintre ei au, de asemenea, capacitatea de a-și aminti evenimente-cheie din viețile lor trecute, în același mod în care noi ne putem aminti lucruri care ni s-au întâmplat în copilărie.

Acest fenomen nu este cu siguranță limitat doar la tibetani. În ultimul timp, destul de mulți occidentali au fost recunoscuți ca reîncarnări ale lamasilor tibetani[49]. De asemenea, există în prezent un număr impresionant de cazuri raportate ale unor persoane din țările occidentale cu abilități remarcabile de a-și aminti ceea ce par a fi vieți anterioare. Unele dintre poveștile lor se corelează aproape exact cu dovezi istorice dintr-o anumită epocă, sau dintr-o anumită situație, dezvăluind informații care pur și simplu nu ar fi putut fi colectate prin mijloace frauduloase. De exemplu, există multe cazuri documentate de copii mici care au putut identifica membri ai familiei și case din viața lor anterioară[50], amintindu-și nume și incidente care au fost confirmate de cei care încă locuiesc în acele locuri.

Practic, există două tipuri de renaștere. În primul rând, există renașterea prin alegere, în care ne putem controla mintea la un nivel înalt și putem renaște printre oameni sau în situații prin care îi putem ajuta eficient pe alții, precum Sanctitatea Sa Dalai Lama. Apoi există renașterea sub controlul karmei, caz în care suntem purtați de puterea acțiunilor noastre anterioare către o nouă existență, determinată de emoțiile și karma noastră.

Totuși, renașterea în Sukhavati ne permite să ocolim această reacție karmică în lanț. Aceasta înseamnă că nu vom mai renaște niciodată în tărâmul uman sau în orice alt tărâm, cu excepția cazului în care alegem să o facem. Prin urmare, această învățătură este extrem de prețioasă, deoarece ne poate ajuta să scăpăm, odată pentru totdeauna, de ciclul necontrolat al morții și renașterii.

Epilog

Această carte nu a fost scrisă doar în scop de divertisment. Mai degrabă, îmi doresc sincer să o vezi ca pe o referință utilă la care poți apela în orice etapă a vieții. Sper să te folosești de ea atunci când te confrunți cu dificultăți, când trebuie să iei decizii importante, sau când, pur și simplu, simți nevoia să-ți acorzi puțin timp pentru a reflecta asupra modului în care îți decurge viața.

Din acest motiv, te încurajez cu tărie să nu o pui doar pe un raft de cărți pentru a aduna praf după ce ai terminat-o de citit. Păstraz-o cu tine oriunde te-ai afla. Reflectează asupra conținutului ei din nou și din nou și aplică înțelepciunea dobândită în viața de zi cu zi. Discută ideile din această carte cu partenerul, familia sau cu prietenii tăi. Nu le accepta pur și simplu cu o credință oarbă, ci testează-le și vezi dacă funcționează pentru tine, la fel cum procedează un om de știință care efectuează un experiment. De asemenea, nu te gândi că unele secțiuni sunt destul de evidente și nu merită să reflectezi asupra lor, deoarece, adesea, ne zbatem în anumite domenii ale vieții noastre tocmai pentru că nu reflectăm asupra lucrurilor aparent evidente.

Îți va fi de mare ajutor dacă vei putea aplica toate principiile învățate, în fiecare situație cu care te confrunți, iar apoi să te întrebi cât de bine a funcționat și dacă ai putea proceda mai bine data viitoare. Continuă să faci acest lucru din nou și din nou și reînnoiește-ți angajamentul de a practica în fiecare zi calități virtuoase, în special bunătatea și recunoștința. Chiar dacă anumite idei par evidente, amintește-ți că există o diferență uriașă între a ști ceva și a înțelege acel ceva, sau a-l asimila cu adevărat. Poate că poți aloca cincisprezece până la douăzeci de minute în fiecare zi pentru a începe un ritual de auto-reflecție, sau chiar să-l practici regulat pe parcursul zilei. Atunci vei putea să interiorizezi înțelepciunea din această carte și să o aplici în fiecare situație în care te vei afla. Odată ce vei deveni priceput în practicarea regulată a calităților mentale virtuoase, vei putea experimenta treptat bucuria supremă care vine odată cu nivelurile mai profunde de fericire.

Când suntem copii, vrem să ne simțim bine și încrezători în noi înșine. Ca adolescenți și tineri adulți, vrem să cunoaștem secretele carierelor și relațiilor de succes. Pe măsură ce îmbătrânim, vrem să învățăm cum să trăim o viață îmbelșugată și plină de satisfacții, făcând față schimbărilor și provocărilor în cel mai bun mod posibil. În cele din urmă, pe măsură ce ne apropiem de sfârșitul vieții, vrem să știm cum să ne pregătim pentru o moarte liniștită. În fiecare dintre aceste etape, putem să învățăm să identificăm și să cultivăm condițiile care conduc la fericire, aplicabile situației noastre particulare.

Cu toate acestea, nu trebuie să crezi că ți se aplică numai capitolul dedicat grupei tale de vârstă. Chiar dacă ești bătrân și pensionar, este posibil să ți se pară cel mai relevant pentru situația ta de viață capitolul dedicat adolescenților sau tinerilor adulți. Pe de altă parte, chiar dacă ești tânăr, este posibil să consideri că ultimele capitole ale cărții te vor ajuta foarte mult în pregătirea pentru viitor, oferindu-ți o idee despre cum să faci față provocărilor pe care le vei întâlni. Prin urmare, orice capitol ar putea să-ți fie util în orice moment.

Imaginează-ți că într-un viitor oarecare, ești iubit și respectat de comunitatea locală. Ești înțelept, generos și plin de încredere, capabil să aduci mari beneficii oamenilor din jurul tău și fiecare moment al vieții tale este plin de satisfacție și fericire adevărată. Cel puțin din punct de vedere budist, așa va deveni viața ta dacă începi să cultivi acum cauzele fericirii, sau chiar mai târziu în această viață, sau într-o viață viitoare. Așa cum spunea Buddha, „ceea ce ești este ceea ce ai făcut, ceea ce vei fi este ceea ce faci acum". Din această perspectivă, ne-am putea gândi la această carte ca la un ghid pentru atingerea fericirii pe parcursul mai multor vieți, nu doar în această viață. Deci, dacă ai luat câteva decizii proaste în adolescență, poate data viitoare vei fi puțin mai înțelept!

Timp de mulți ani mi-am dorit să scriu o astfel de carte, deoarece mi-am dat seama cât de utilă mi-ar fi putut fi atunci când am crescut. De asemenea, am recunoscut că multe dintre problemele cu care m-am confruntat în Tibet erau exact aceleași cu cele cu care se confruntă oamenii din Occident și că, indiferent de unde venim, câți ani avem, sau câtă avere deținem, cauzele fericirii sunt, deopotrivă, identice. De asemenea, am constatat că în Occident avem un sistem educațional care pune mare accent pe inteligență, cunoaștere și productivitate, însă se acordă prea puțină importanță învățării modului de a face față emoțiilor și de a lua decizii înțelepte, acest lucru fiind lăsat adesea la voia întâmplării. În plus, se pare că în zilele noastre nu prea există o „cultură a înțelepciunii", iar oamenii au rareori ocazia să discute despre marile întrebări ale vieții. Sper că această carte va aduce o mică contribuție la eliminarea unora dintre aceste lacune.

La final, am trei sfaturi pe care aș dori să ți le reamintești. În primul rând, te îndemn să nu cauți niciodată fericirea pe seama altor oameni. În al doilea rând, te îndemn să încerci, pe cât posibil, să aduci beneficii celorlalți. În cele din urmă, îți cer să-ți amintești că fericirea depinde aproape întotdeauna în totalitate de tine și de cât de multă recunoștința și apreciere ai în inimă. Dorința mea sinceră este să înțelegi profund semnificația acestei cărți și să fii inspirat pentru a profita la maximum de această prețioasă viață umană. Mă rog ca ea să te ajute să te orientezi către o viață bogată în semnificații, plină de sens și mai fericită.

Recapitularea exercițiilor

METODA DE MEDITAȚIE DE BAZĂ

Toate tipurile de meditație urmează aceeași metodă de bază, iar aceasta începe prin relaxarea conștientă a corpului. O modalitate bună de a realiza acest lucru este de a face unele „exerciții de destindere" ușoare înainte de meditație, cum ar fi scuturarea sau masarea diferitelor părți ale corpului sau efectuarea unor întinderi ușoare de yoga. Apoi ar trebui să renunțați în mod conștient la toate preocupările legate de trecut și viitor, hotărând să deveniți o persoană „fără istoric" în timp ce meditați. Concentrați-vă mintea pe conștientizarea momentului prezent, incluzând respirația, prezența fizică a corpului, senzațiile din corp, sunetele din jur și starea minții, observând cum toate aceste lucruri apar și dispar.

Odată ce atenția este bine stabilizată, puteți continua să vă concentrați asupra momentului prezent, ancorat de conștientizarea respirației prin întregul corp, știind dacă respirați lung sau scurt. Alternativ, vă puteți îndrepta atenția către un obiect specific de meditație, cum ar fi o vizualizare, un sunet, contemplarea unui subiect precum bunătatea iubitoare sau simpla conștientizare a respirației la nivelul inimii sau al vârfului nasului.

Este inevitabil să apară gânduri și ar trebui doar să le urmăriți sau să le observați cu „aspectul de conștientizare" al minții, fără să vă agățați de ele, apoi să vă întoarceți ușor la obiectul meditației. Sunetele și alte senzații vor fi în continuare prezente în fundal. O parte a minții voastre va fi conștientă de aceste senzații, însă ele nu trebuie să vă perturbe atenția conștientă dacă le puteți observa pur și simplu fără să reacționați. Practicând în acest fel, ar trebui să ajungeți în cele din urmă la o stare în care corpul este relaxat, emoțiile sunt domolite și mintea este clară.

La început, sesiunile scurte și frecvente sunt cea mai bună modalitate de a dezvolta o stare de spirit calmă și echilibrată. În acest fel, practica va fi plăcută și interesantă și veți observa cu siguranță o diferență după ce veți practica de ceva timp. O stare de spirit calmă vă va permite să simțiți cu adevărat efectul celor două practici care urmează și să obțineți o înțelegere reală a adevăratei lor semnificații.

REFLECȚIA - LUAREA DECIZIILOR

Gândește-te la orice decizie importantă pe care ai luat-o recent. Cum ai luat-o? Ai cerut sfatul altor persoane care au multă experiență de viață? Te-ai gândit bine la toate consecințele deciziei tale? Așteptările tale au fost realiste sau nerealiste? Ai luat în considerare cel mai rău scenariu? Ai avut vreun plan de rezervă? Ai fost complet sincer cu tine însuți, sau ai luat decizia pentru că ai vrut să impresionezi pe cineva? Ai luat în considerare toate opțiunile posibile?

Acum gândește-te la orice decizie pe care urmează să o iei. Gândește-te din nou la toate aceste lucruri, asigurându-te că iei în considerare, cu atenție, toate opțiunile. Stai drept, cu coloana vertebrală dreaptă, relaxează-ți corpul, respiră adânc de câteva ori și limpezește-ți mintea. Dacă ești sincer cu tine însuți, care este cea mai bună decizie?

EXERCIȚIU - REFLECTÂND ASUPRA ZILEI

Alocă aproximativ cincisprezece minute în fiecare dimineață și în fiecare seară. În fiecare dimineață, verifică-ți atitudinea înainte de a începe ziua. Ai apreciat faptul că ești în viață în această dimineață, trăind într-o țară în care condițiile fac viața atât de ușoară? Ești hotărât să folosești această zi cu înțelepciune și să practici compasiunea ori de câte ori poți, fiind fidel celor mai profunde valori ale tale? În munca şi relaţiile tale, eşti dispus să ai răbdare dacă lucrurile nu ies aşa cum te aştepţi?

Seara, reflectează la ziua care tocmai a trecut. Gândeşte-te la oamenii cu care ai vorbit, la locurile pe care le-ai vizitat şi la lucrurile bune şi rele care s-au întâmplat. Pentru ce poţi să fii recunoscător? Ai putea scrie o listă de cinci până la zece lucruri într-un „jurnal al recunoştinţei".

Stai cu spatele drept, relaxează-ţi toţi muşchii şi respiră adânc de câteva ori. Încearcă să menţii în mod natural un sentiment de mulţumire şi bucurie şi gândeşte-te cum poţi face ca ziua următoare să fie cu adevărat semnificativă şi valoroasă.

EXERCIŢIU - ÎNVĂŢÂND DIN EXPERIENŢA DE VIAŢĂ

Am acumulat multă experienţă de viaţă şi putem învăţa multe lecţii valoroase dacă reflectăm profund la ceea ce ne-au învăţat vieţile noastre. Acest lucru ne poate determina chiar să ne reevaluăm unele dintre priorităţi.

Mai întâi, aminteşte-ţi de o persoană cu care ai avut o relaţie în trecut. Aceasta nu trebuie să fie neapărat un partener - poate fi un prieten, un părinte sau poate cineva de la serviciu. Care a fost motivaţia ta pentru a fi în acea relaţie? A funcţionat aşa cum te aşteptai? Cât de mult ai reuşit să depăşiţi dificultăţile? Cât de deschisă a fost comunicarea voastră? Dacă a existat o perioadă de mari dificultăţi, poţi să scrii ceea ce îţi aminteşti. Acest lucru te poate ajuta să accepţi trecutul şi să mergi mai departe.

Apoi aminteşte-ţi de un loc de muncă pe care l-ai avut în trecut şi întreabă-te în mod similar. Care a fost motivaţia ta pentru a face acest tip de muncă? Ce ai mai învăţat din experienţele tale?

Priveşte acum la situaţia ta actuală. Întreabă-te: „Cum pot aplica lecţiile pe care le-am învăţat? Cum îmi pot trăi viaţa în cel mai înţelept mod posibil?".

Stai drept, cu coloana vertebrală dreaptă şi mâinile în poală, încordându-ţi corpul şi apoi simţind cum se relaxează peste tot. Întreabă-te sincer dacă există ceva ce doreşti să schimbi în această etapă a vieţii tale şi apoi gândeşte-te cum poţi face acest lucru posibil.

EXERCIŢIU - REFLECTÂND ASUPRA IMPERMANENŢEI

Aminteşte-ţi unele dintre pierderile şi schimbările pe care le-ai experimentat în acest moment al vieţii tale şi contemplă următoarele gânduri:

- Tot ceea ce se naşte va îmbătrâni şi va muri.
- Ceea ce a fost adunat va fi împrăştiat.
- Ceea ce a fost acumulat va fi epuizat.
- Ceea ce a fost construit se va prăbuşi.

Prietenia şi duşmănia, norocul şi tristeţea, toate gândurile care ne trec prin minte - totul este mereu în schimbare.

Aminteşte-ţi că impermanenţa este pur şi simplu adevărul vieţii şi, prin urmare, singurul lucru pe care îl avem cu adevărat este acum, prezentul. Cum te-ar putea ajuta această înţelegere să faci faţă pierderii unei persoane dragi? Cum ar putea să-ţi schimbe perspectiva asupra diferitelor tipuri de pierderi cu care ne confruntăm - pierderea celor dragi, pierderea unui loc de muncă, pierderea a tot ceea ce ne este drag? De asemenea, ar putea fi util să-ţi aminteşti că schimbările nu duc neapărat la nenorocire - uneori, ele îţi pot aduce beneficii majore, chiar dacă acest lucru poate să nu fie evident la început.

Reflectând asupra tuturor acestor întrebări, aşază-te cu spatele drept, simte corpul relaxat şi respiră profund şi uşor. Ce lecţii îţi oferă adevărul impermanenţei?

Note

CAPITOLUL 1: O INTRODUCERE ÎN FERICIRE

1. Pentru o prezentare simplă a conceptului budist de iluminare și a modului în care putem urma calea către iluminare, consultați: Shar Khentrul Jamphel Lodrö, Unveiling Your Sacred Truth: A Gradual Discovery of Enlightenment through the Jonang-Shambala Kalachakra Tradition (Melbourne: Tibetan Buddhist Rimé Institute 2015).

2. A se vedea: Martin Seligman, Authentic happiness (Sydney: Random House, 2002).

3. Problema unui „punct de referință al fericirii" a fost o temă majoră abordată la o conferință organizată cu oamenii de știință occidentali și Dalai Lama la sfârșitul anului 2004, care a abordat noul domeniu interesant al „neuroplasticității", temă compilată în: Sharon Begley (ed), Train Your Mind, Change Your Brain (New York: Ballantine Books, 2007), 226-9. Această problemă este prezentată și în: Norman Doidge. The Brain that Changes Itself (New York: Viking, 2007).

4. Mai multe perspective asupra fericirii din punct de vedere al filosofilor occidentali sunt frumos descrise în termeni ușor de înțeles în: Alain de Botton, Consolations of Philosophy (Londra: Penguin Books, 2001).

5. Un ghid practic pentru terapia cognitivă poate fi găsit în: David Burns, Feeling Good: the New Mood Therapy (New York: Avon Books, 1999).

6. A se vedea: P. Brickman, D. Coates și R. Janoff-Bulman, „Lottery winners and accident victims: is happiness relative? Journal of Personal and Social Psychology 36 (1978): 917-27.

7. A se vedea: T. Elbert, C. Pantev, C. Wienbruch, B. Rockstroh și E. Taub, „Increased cortical representation of the fingers of the left hand in string players", Science 270 (1995): 305-7.

8. A se vedea: A. Lutz, L.L. Greischar, N.B. Rawlings, M. Ricard și R.J. Davidson, „Long-term meditators self-induce high-amplitude gamma synchrony during mental practice", Proceedings of the National Academy of Sciences 101 (2004): 16369-73

9. A se vedea din nou: Sharon Begley (ed), Train Your Mind, Change Your Brain: 226-9.

CAPITOLUL 2: EXPLORAREA CONDIȚIILOR FERICIRII

10. Fenomenul „fluxului" a fost bine cercetat de psihologi - a se vedea: M. Csikszentmihalhyi, Finding Flow: The Psychology of Engagement with Everyday Life (Basic Books: 1998). Din punct de vedere budist, acest lucru este similar cu atingerea unei stări de concentrare într-un singur punct, care, deși este o stare de spirit fericită și extatică a minții, nu echivalează cu cel mai profund nivel de fericire.

11. Domeniul psihologiei pozitive enumeră șase virtuți-cheie sau puncte forte, care s-au dovedit a fi comune aproape tuturor

tradițiilor: înțelepciune, curaj, iubire și umanitate, dreptate, moderație și transcendență (sau spiritualitate). Terapia de îmbunătățire a calităților virtuoase ale unei persoane este considerată în prezent o formă importantă de psihoterapie. A se vedea: Martin Seligman, Authentic happiness: 125-61.

12. A se vedea: Tal Ben-Shahar, Even Happier: A Gratitude Journal for Daily Joy and Lasting Fulfillment (New York: McGraw-Hill, 2010): 9-11.

13. Acesta este principiul de bază al unei forme de psihoterapie cunoscută sub numele de ACT (Acceptance and Commitment Therapy). Aceasta utilizează activități de atenție conștientă (mindfulness) pentru a aborda direct problema evitării experiențiale, în care ne agravăm suferința luptându-ne cu gânduri și sentimente nedorite și retrăind evenimente dureroase. În același timp, ne concentrăm pe crearea unei vieți împlinite și bogată în semnificații. Deși reducerea simptomelor unui pacient nu este scopul terapiei, acestea sunt aproape întotdeauna reduse ca un rezultat secundar. A se vedea: Russel Harris, „Embracing Your Demons: an Overview of Acceptance and Commitment Therapy". Psychotherapy in Australia 12 (4): 2-8.

14. Abordarea de a conștientiza sau de a înțelege tendințele noastre negative a fost pilonul de bază al psihoterapiei occidentale timp de mulți ani. Terapia cognitivă încearcă să ne ajute să identificăm modelele noastre de gândire de la un moment la altul și apoi să căutăm ipotezele ascunse care stau la baza acestor gânduri. Psihanaliza, pe de altă parte, vorbește despre „mecanisme de apărare", cum ar fi negarea, reprimarea sau comportamentul negativ, care blochează experiențele dureroase din trecut.

Conştientizarea şi înţelegerea profundă a acestor tipare ne pot ajuta să acceptăm trecutul şi să mergem mai departe.

CAPITOLUL 3: COPILĂRIA – PLANTAREA SEMINŢELOR FERICIRII

15. Psihologia modernă susţine ideea că părinţii au un rol crucial în plantarea seminţelor în mintea copiilor lor, chiar şi fără ca aceştia să ştie. S-a afirmat chiar că mesajele părinţilor pot fi „înregistrate" de către copii, sau că părinţii îşi pot hipnotiza copiii (vezi: Steve Biddulph, The Complete Secrets of Happy Children [Sydney: Harper Collins, 1998]). Se speră că discutarea unor probleme importante, precum cele abordate în aceste povestiri, va contribui la crearea unui mediu familial care să favorizeze primirea de mesaje pozitive de către copii.

16. Povestea prieteniei şi Povestea conştientizării sunt ambele adaptate după povestiri din viaţa lui Buddha, aşa cum sunt prezentate în: Tich Nhat Hanh, Old Path White Clouds: Walking in the Footsteps of the Buddha. (Berkley: Parallax Press, 1991).

CAPITOLUL 4: ADOLESCENŢII – PORNIREA ÎN DIRECŢIA CORECTĂ

17. Tal Ben-Sahar vorbeşte despre trei lucruri esenţiale pe care trebuie să le luăm în considerare atunci când ne alegem o carieră sau ne dedicăm realizării oricărui tip de obiectiv - punctele forte, plăcerea şi sensul. Ar trebui să ne întrebăm: „Care sunt punctele noastre forte?" „Ce ne oferă plăcere?" şi „Ce ne oferă sens?" El sugerează, de asemenea, să scriem ce ne-ar plăcea cu adevărat să facem (acel ceva care provine dintr-un sentiment profund de convingere personală

sau de interes puternic) şi apoi să verificăm dacă acest lucru este influenţat în vreun fel de aşteptările celorlalţi. Dacă vă doriţi cu adevărat să faceţi ceva, nu contează în cele din urmă ce cred ceilalţi. A se vedea: Tal Ben-Shahar, Happier: Learn the Secrets to Daily Joy and Lasting Fulfillment (New York: McGraw Hill, 2007): 103-105.

18. În tradiţia tantrică budistă, vorbim despre un sistem psihofizic dinamic în interiorul corpului nostru, care poate fi perceput direct după mulţi ani de antrenament yoghin. Dacă ne gândim la corpul uman ca la un oraş, atunci canalele sunt drumurile sale, aerul interior este precum un cal, iar mintea este călăreţul său (vizualizate ca esenţe subtile în anumite locuri din corp). Pentru o explicaţie mai detaliată, a se vedea: Sogyal Rinpoche, The Tibetan Book of Living and Dying (Sydney: Random House, 2002), 252-3.

CAPITOLUL 5: VÂRSTA ADULTĂ TIMPURIE - O A DOUA ŞANSĂ DE A DEZVOLTA ÎNŢELEPCIUNEA

19. Psihologia modernă confirmă, de asemenea, că este esenţial să avem o viziune matură asupra iubirii romantice. A se vedea: Tal Ben-Shahar, Happier: Learn the Secrets to Daily Joy and Lasting Fulfillment (111-22).

20. Gradul de inteligenţă emoţională pe care îl au cuplurile este un factor-cheie în menţinerea şi consolidarea relaţiei lor şi, potrivit lui John Gottman, aceasta este o abilitate care poate fi învăţată. Ea include învăţarea de a te concentra pe calităţile pozitive ale celuilalt, interacţiunea frecventă şi deschisă, împărtăşirea valorilor şi intereselor şi rezolvarea conflictelor într-un mod matur, fiind întotdeauna pregătit pentru compromis. A se vedea: John Gottman

& Nan Silver. The Seven Principles for Making Marriage Work (New York: Random House, 2000). Pentru un ghid practic al inteligenței emoționale, a se vedea, de asemenea: Jeanne Segal, The Language of Emotional Intelligence: The Five Essential Tools for Building Powerful and Effective Relationships (New York: McGraw Hill, 2008).

21. Există în prezent numeroase studii în domeniul emergent al medicinei minte-corp, care analizează legătura dintre o minte liniștită și un corp sănătos. Pentru o discuție practică privind relația dintre stres și stările de boală, a se vedea: Craig Hassed, Know Thyself: the Stress Release Program (Melbourne: Michelle Anderson Publishing, 2006, 18-22) și referințele din aceasta.

22. În tradiția budistă tibetană, cea mai înaltă formă de compasiune este cunoscută sub numele de bodhicitta, dorința altruistă de a atinge iluminarea pentru a conduce toate ființele vii către iluminare. A se vedea, de asemenea: Shar Khentrul Jamphel Lodrö, Descoperirea adevărului tău sacru.

23. Din Digha Nikaya, Discursurile lungi ale lui Buddha (DN 31).

CAPITOLUL 6: VÂRSTA ADULTĂ MIJLOCIE - VÂRSTA EXPERIENȚEI

24. Nobila cale cu opt ramuri include: înțelegerea corectă, intenția corectă, acțiunea corectă, vorbirea corectă, stilul de viață corect, efortul corect, concentrarea corectă și atenția conștientă corectă. Primele două etape reprezintă înțelepciunea, următoarele patru reprezintă disciplina, iar ultimele două sunt legate de concentrare. Există multe abordări diferite pentru înțelegerea învățăturilor budiste. O bună perspectivă introductivă este oferită de: Walpola

Rahula, What the Buddha Taught (Londra: Gordon Fraser, 1978). Pentru o descriere a etapelor pe calea iluminării, a se vedea: Shar Khentrul Jamphel Lodrö, Dezvăluirea adevărului vostru sacru.

25. Există multe relatări despre incredibila viață a celui de-al 16-lea Karmapa. A se vedea, de exemplu: Ken Holmes, Karmapa (Forres: Altea Publishing, 1995). Îl menționez, de asemenea, pe maestrul meu de rădăcină, Kyabje Lobsang Trinley, la a cărui neobosită dedicare pentru binele celorlalți, precum și la numeroasele semne miraculoase din timpul vieții și morții sale, am fost martor personal.

26. Pentru îndrumări despre cum să găsești și să urmezi un maestru spiritual autentic, a se vedea, de exemplu: Sfinția Sa Dalai Lama, Becoming Enlightened (New York: Atria Books, 2009), 31-36. Pentru aprofundarea subiectului, a se vedea și Shar Khentrul Jamphel Lodrö, Dezvăluirea adevărului vostru sacru.

27. Din Digha Nikaya, Discursurile lungi ale lui Buddha (DN 31). În această sutta, Buddha abordează etica și practicile adepților laici.

28. Este cunoscut în psihologia occidentală faptul că bărbații și femeile văd lumea în moduri subtil diferite. Exemplele date se bazează pe: John Gray, Men are from Mars, Women are from Venus: the Classic Guide to Understanding the Opposite Sex (New York: Harper Collins, 2004).

29. O referință excelentă pentru părinți, care se potrivește cu multe dintre ideile prezentate aici, este: Steve Biddulph, The Complete Secrets of Happy Children (Sydney: Harper Collins, 1998).

30. În psihologia modernă, un principiu-cheie în obținerea fericirii la locul de muncă este transformarea muncii într-o „vocație".

Putem identifica ceea ce considerăm semnificativ și care sunt punctele noastre forte și apoi putem învăța să percepem munca într-un mod care să fie semnificativ din punct de vedere personal, concentrându-ne în același timp pe punctele noastre forte, sau pe calitățile noastre bune. A se vedea: Martin Seligman, Authentic Happiness, 165-184.

CAPITOLUL 7: VÂRSTA ADULTĂ MATURĂ - VÂRSTA ÎNȚELEPCIUNII

31. Pentru o prezentare aprofundată și o reflecție asupra morții și impermanenței din punct de vedere budist, vezi: Shar Khentrul Jamphel Lodrö, Dezvăluirea adevărului vostru sacru.

32. Aceasta este povestea lui Krisha Gotami, așa cum este relatată în: Sogyal Rinpoche, The Tibetan Book of Living and Dying, 28-9.

33. Putem alege o tradiție, sau o comunitate spirituală, care să ne ajute să ne cultivăm „viața interioară" și bunele noastre calități, dar putem găsi ajutor și în anumite cărți practice sau cursuri de psihologie (atâta timp cât acestea au o bază solidă de cercetare). Un bun exemplu de astfel de carte este: Tal Ben-Shahar, Even Happier: A Gratitude Journal for Daily Joy and Lasting Fulfillment (New York: McGraw-Hill, 2010).

34. A se vedea: Sharon Begley, Train Your Mind, Change Your Brain, 246-9 (și referințele aferente). A se vedea, de asemenea: Norman Doidge, The Brain that Changes Itself. În prezent, există o serie de cărți practice bune și alte resurse care ne pot ajuta să ne îmbunătățim memoria. O astfel de resursă este site-ul www. lumosity.com, care oferă exerciții online pentru îmbunătățirea diferitelor domenii ale funcției mentale, susținute de cercetări

știinţifice de calitate. O altă resursă utilă, care poate fi folositoare persoanelor de orice vârstă, este: Tony Buzan, Use Your Head: Innovative Learning and Thinking Techniques to fulfill your Mental Potential (Harlow: Educational Publishers LLP, 2006).

35. Pentru o prezentare a beneficiilor dezvoltării recunoştinţei, din perspectiva psihologiei moderne, a se vedea: Martin Seligman, Authentic Happiness, 70-5.

CAPITOLUL 8: VÂRSTA ADULTĂ TÂRZIE – PREGĂTIREA PENTRU PLECAREA DIN ACEASTĂ VIAŢĂ

36. Pentru o discuţie aprofundată a viziunii budiste asupra karmei şi reîncarnării, inclusiv o „dovadă" logică a acestor două principii, a se vedea: Shar Khentrul Jamphel Lodrö, Dezvăluirea adevărului vostru sacru.

37. Au fost efectuate numeroase cercetări privind beneficiile psihologice ale ajutorării celorlalţi. De exemplu, munca de voluntariat poate contribui la scăderea nivelului de depresie şi anxietate, iar în cazul foştilor alcoolici sprijinul acordat altora pentru renunţarea la consumul de alcool poate contribui la prevenirea recidivei. O mare parte din aceste cercetări sunt prezentate în: Stephen Post, Why Good Things Happen to Good People (New York: Broadway, 2007).

38. Pentru o prezentare aprofundată a viziunii budiste tradiţionale asupra suferinţei, a se vedea: Shar Khentrul Jamphel Lodrö, Dezvăluirea adevărului vostru sacru.

39. Pentru o prezentare aprofundată a etapelor prin care trecem atunci când ne confruntăm cu diagnosticul unei boli terminale, a se vedea: Elizabeth Kubler-Ross, On Death and Dying (Londra: Tavistock/ Routledge, 1989). Cercetarea lui Kubler-Ross s-a bazat pe o serie extinsă de interviuri cu pacienți aflați pe moarte, interviuri ale căror transcrieri apar în cartea sa.

40. Pentru o prezentare mai detaliată a procesului de disoluție exterioară și interioară în momentul morții, conform tradiției budiste tibetane, a se vedea: Sogyal Rinpoche, The Tibetan Book of Living and Dying, 255-260. A se vedea, de asemenea: Shar Khentrul Jamphel Lodrö, Dezvăluirea adevărului vostru sacru.

41. Unul dintre cei mai mari maeștri tibetani ai ultimei generații, cel de-al 16-lea Karmapa, a murit într-un spital occidental din Statele Unite în anul 1981. Unele dintre detaliile remarcabile ale morții sale, inclusiv o relatare a unuia dintre medicii săi curanți, sunt relatate în: Reginald Ray, Secret of the Vajra World (Boston: Shambala, 2001), p465-80.

42. Perioada de tranziție, sau starea intermediară dintre moarte și renașterea într-un corp nou, este descrisă în detaliu în tradiția budistă tibetană. A se vedea: Sogyal Rinpoche, The Tibetan Book of Living and Dying, p291-302. Pentru o descriere mai detaliată, a se vedea: Shar Khentrul Jamphel Lodrö, Dezvăluirea adevărului vostru sacru.

43. O carte de referință utilă pentru cei care doresc să înceapă și să susțină o practică de meditație este: Graham Williams, Life in Balance: the Lifeflow Guide to Meditation (Adelaide: Print Know How 2008). Alte referințe bune sunt: Ajahn Brahm, Mindfulness, Bliss and Beyond: A Meditator's Handbook (Somerville: Wisdom

2006) şi B. Alan Wallace, The Attention Revolution: Unlocking the Power of the Focused Mind (Boston: Wisdom 2006). A se vedea, de asemenea: Shar Khentrul Jamphel Lodrö, Dezvăluirea adevărului vostru sacru.

44. Detalii mai complete despre practica tradițională de purificare Vajrasattva pot fi găsite în capitolul şaisprezece din: Shar Khentrul Jamphel Lodrö, Dezvăluirea adevărului vostru sacru.

45. Există numeroase texte budiste care vorbesc despre practica Amitabha şi despre caracteristicile tărâmului pur Sukhavati, pe care ați putea dori să le studiați. Unele dintre acestea se bazează, de fapt, pe viziunile directe ale unor maeştri foarte realizați. Unul dintre cele mai prețioase texte a fost compus de lama Tsoknyi Gyamtso din secolul al XIX-lea şi constă în peste o sută de pagini de text tibetan care descrie acest tărâm pur. Dorința mea profundă este să traduc acest text în viitorul apropiat şi să îl fac disponibil pe scară largă.

46. Pentru studierea experienței din pragul morții, a se vedea, de exemplu: Kenneth Ring, Life at Death: a Scientific Investigation of the Near-death Experience (Boston: Arkana 1985).

47. Elizabeth Kubler-Ross, A Memoir of Living and Dying: The Wheel of Life (Londra: Bantam 1997).

48. Elizabeth Kubler- Ross, The Wheel of Life, p288.

49. În ultimul timp, câțiva occidentali au fost recunoscuți ca fiind reîncarnări. A se vedea: Vickie MacKenzie, Reborn in the West: the Reincarnation Masters (Londra: Bloomsbury 1995).

50. Pe parcursul mai multor ani, dr. Ian Stevenson a colectat dovezi detaliate a peste două mii de cazuri de copii care îşi amintesc

de viețile anterioare. A se vedea: Ian Stevenson, Twenty Cases Suggestive of Reincarnation (Charlottesville: Univ. of Virginia Press, 1974); și Jane Henry (ed), Parapsychology Research on Exceptional Experiences (London: Routledge 2005). Din păcate, astfel de cercetări sunt adesea respinse, deoarece nu sunt considerate „obișnuite". Cu toate acestea, cred că ne-ar fi de mare folos să le evaluăm cu o minte critică, dar deschisă, așa cum am proceda în știința „obișnuită".

Resurse

CĂRȚI PRACTICE BAZATE PE PSIHOLOGIA MODERNĂ

Tal Ben-Shahar. Even Happier: A Gratitude Journal for Daily Joy and Lasting Fulfillment (New York: McGraw-Hill, 2010).

Tal Ben-Shahar. Happier: Learn the Secrets to Daily Joy and Lasting Fulfillment (New York: McGraw-Hill, 2007).

Steve Biddulph. The Complete Secrets of Happy Children (Sydney: Harper Collins,1998).

John Bradshaw. Healing the Shame that Binds You (Deerfield Beach: Health Communications, 1988).

David Burns. Feeling Good: the New Mood Therapy (New York: Avon Books, 1999).

John Gottman & Nan Silver. The Seven Principles for Making Marriage Work (New York: Random House, 2000).

Russ Harris. The Happiness Trap: Stop Struggling, Start Living (Wollombi: Exisle Publishing, 2007).

Craig Hassed. Know Thyself: the Stress Relief Program (Melbourne: Michelle Anderson Publishing, 2006).

Jeanne Segal. The Language of Emotional Intelligence: The Five

Essential Tools for Building Powerful and Effective Relationships (New York: McGraw Hill, 2008).

Martin Seligman. Authentic Happiness (Sydney: Random House, 2002).

Timothy Sharp. The Happiness Handbook (Sydney: Finch, 2007).

INFORMAȚII DESPRE VIAȚA SPIRITUALĂ (DIN PERSPECTIVĂ BUDISTĂ)

Bikkhu Bodhi (ed). In the Buddha's Words: An Anthology of Discourses from the Pali Canon (Boston: Wisdom 2005).

Ajahn Chah. A Still Forest Pool: The Insight Meditation of Ajahn Chah. Compiled by Jack Kornfield and Paul Breiter (New York: Quest, 1986).

His Holiness the Dalai Lama. Becoming Enlightened (New York: Atria Books, 2009).

His Holiness the Dalai Lama. How to Practise: The Way to a Meaningful Life (Rider: London, 2002).

Philip Kapleau. The Three Pillars of Zen: Teaching, Practice and Enlightenment (Anchor Books: New York, 2000).

Walpola Rahula, What the Buddha Taught. (London: Gordon Fraser, 1978).

Shar Khentrul Rinpoche Jamphel Lodro, A Secret Incarnation: Reflections on the Life of a Tibetan Lama. (Melbourne: TBRI 2014)

Shar Khentrul Rinpoche Jamphel Lodro. Unveiling Your Sacred Truth: A Gradual Discovery of Enlightenment through the

Jonang-Shambala Kalachakra Tradition. (Melbourne: TBRI 2014)

Despre autor

Khentrul Rinpoché Jamphel Lodrö este fondatorul şi directorul spiritual al organizaţiei Dzokden. Rinpoche este autorul a numeroase cărţi, printre care *Dezvăluirea adevărului vostru sacru, Marea cale de mijloc: Clarificarea viziunii Jonang asupra Celorlalte - Emptităţi, O viaţă mai fericită* şi *Comoara ascunsă a Căii Profunde.*

Rinpoche şi-a petrecut primii 20 de ani din viaţă păstorind yaci şi cântând mantre pe platourile din Tibet. Inspirat de bodhisattva, el şi-a părăsit familia pentru a studia într-o mulţime de mănăstiri, sub îndrumarea a peste 25 de maeştri din toate tradiţiile budiste tibetane. Datorită abordării sale non-sectare, şi-a câştigat titlul de maestru Rimé (imparţial) şi a fost identificat ca fiind reîncarnarea celebrului maestru Kalachakra Ngawang Chözin Gyatso. Deşi în centrul învăţăturilor sale se află recunoaşterea faptului că există o mare valoare în diversitatea tuturor tradiţiilor spirituale existente în această lume, el se concentrează asupra tradiţiei Jonang-Shambhala. Învăţăturile Kalachakra (roata timpului), transmise de regii Kalki din Shambhala, conţin metode profunde de armonizare a mediului nostru exterior cu lumea interioară a corpului şi a minţii. Această tantra este conectată direct cu karma Pământului nostru pentru a aduce Era de Aur a păcii şi armoniei (Dzokden). Khentrul Rinpoche şi-a asumat drept misiune a vieţii răspândirea acestor învăţături preţioase în cât mai multe limbi la nivel global, astfel încât să putem transforma cu adevărat lumea noastră, fiecare în parte, din interior spre exterior.

Viziunea lui Rinpoche

Organizația Dzokden a fost fondată cu scopul expres de a-l sprijini pe Khentrul Rinpoche în realizarea viziunii sale de a aduce în această lume Era de Aur a păcii și armoniei. Pe măsură ce comunitatea noastră continuă să crească și să se dezvolte, tot mai mulți oameni se implică în acest efort extraordinar.

Pentru a vă oferi o idee despre amploarea viziunii lui Rinpoche, putem să menționăm opt obiective care reflectă prioritățile sale pe termen scurt și lung:

OBIECTIVE IMEDIATE

La nivel ultim, fericirea autentică și de durată este posibilă doar printr-o transformare personală profundă. În prezent, mai mult ca oricând, avem nevoie de metode pentru a ne dezvolta înțelepciunea și pentru a ne realiza potențialul maxim. Acesta este motivul pentru care Rinpoche acordă o prioritate maximă păstrării liniei de descendență Jonang Kalachakra. Există patru modalități prin care Rinpoche își propune să facă acest lucru:

1. **Crearea de oportunități de conectare cu o linie de descendență Kalachakra autentică și completă, în strânsă colaborare cu meditatori dedicați din Tibet.** Scopul nostru este de a oferi întreg sprijin practicării Kalachakra în conformitate cu maeștrii autentici ai liniei de descendență care, de mii de ani, au susținut această tradiție. Facem acest lucru comandând statui și picturi,

scriind cărți și oferind învățături în întreaga lume. Punem un accent deosebit pe asigurarea autenticității materialelor noastre, bazându-ne pe experiența profundă a meditatorilor deosebit de realizați, care și-au dedicat viața acestor practici.

2. Înființarea de centre internaționale de retragere pentru studiul și practica **Kalachakra.** Pentru a integra în mintea noastră învățăturile, este esențial să avem posibilitatea de a ne angaja în perioade de practică intensivă. Prin urmare, ne străduim să creăm infrastructura necesară, care să sprijine și să încurajeze membrii comunității noastre în angajarea în retrageri de scurtă și de lungă durată. Aceasta include achiziționarea de terenuri și construirea a tot ceea ce este necesar pentru efectuarea retragerilor de grup și solitare. Scopul nostru pe termen lung este de a dezvolta o rețea de astfel de centre în întreaga lume, formând o comunitate globală care să sprijine o mare varietate de practicanți.

3. **Traducerea și publicarea textelor unice și rare ale maeștrilor Kalachakra.** Pe parcursul lungii istorii a Tibetului, sistemul Kalachakra a fost subiectul a nenumărate texte. Până în prezent, doar o mică parte din aceste texte au fost traduse și sunt disponibile în Occident. Deși textele teoretice sunt importante, ne propunem să ne concentrăm în special asupra instrucțiunilor de bază care vor ghida practicanții dedicați spre experimentarea mai intensă a acestor învățături profunde.

4. **Dezvoltarea instrumentelor și programelor pentru o experiență de învățare structurată.** Având discipoli răspândiți în întreaga lume, credem că este important să folosim la maxim tehnologiile moderne, pentru a facilita procesul de învățare al studenților noștri. Scopul este să dezvoltăm o platformă educațională online robustă,

care să permită comunității noastre internaționale să acceseze programe de studiu de calitate, intuitive, structurate și interesante.

OBIECTIVE PE TERMEN LUNG

În timp ce fiecare dintre noi depune eforturi pentru a atinge pacea și armonia supremă în propria minte, nu trebuie să pierdem din vedere faptul că existăm în contextul unei lumi pline de o mare diversitate de oamenii. Aceste persoane dau naștere unei mari varietăți de credințe și practici, care, la rândul lor, modelează modul în care ne raportăm și interacționăm unii cu alții. În această realitate interdependentă, este esențial să găsim strategii viabile pentru a promova o mai mare toleranță și respect. În acest scop, Rinpoche propune patru domenii specifice de activitate:

1. **Promovarea dezvoltării filosofiei Rimé prin dialogul cu alte tradiții.** Din dorința de a fi membri constructivi ai unei societăți pluraliste, trebuie să învățăm modalități de reconciliere a diferențelor noastre. În acest scop, ne propunem să ajutăm oamenii să dezvolte calitățile pozitive care promovează o atitudine de respect reciproc, deschiderea către idei noi și o dorință plină de curiozitate de a ne depăși ignoranța.

2. **Oferirea de sprijin financiar practicanților dedicați, contribuind astfel la dezvoltarea unor modele de înaltă realizare.** Pentru a asigura autenticitatea tradițiilor noastre spirituale, este imperativ să existe oameni care să obțină cele mai înalte realizări. Prin urmare, ne propunem să înființăm un program de burse care să îi sprijine financiar pe practicanții autentici, care doresc să își dedice viața dezvoltării spirituale, indiferent de sistemul lor de practică. Cei care sunt ajutați astfel să integreze învățăturile, devin modele pozitive pentru cei din jurul lor, inspirând și îndrumând generațiile viitoare.

3. **Actualizarea măreţului potenţial al femeilor practicante prin dezvoltarea unor programe de formare specializate.** Cultura tibetană are o lungă istorie de cultivare a maeştrilor extrem de realizaţi, prin formarea intensivă a celor persoane recunoscute ca având un mare potenţial. Din păcate, de prea multe ori, căutarea potenţialului s-a axat doar asupra candidaţilor de sex masculin. Rinpoche consideră că este din ce în ce mai important să avem modele feminine puternice, înalt realizate, care pot contribui la obţinerea unui echilibru mai mare în lumea noastră. Din acest motiv, lucrăm la dezvoltarea unui program unic de formare, pentru a oferi femeilor oportunitatea de a-şi actualiza potenţialul spiritual. Scopul nostru este de a concepe un curriculum specializat, precum şi de a asigura infrastructura financiară necesară pentru a sprijini pe deplin toate aspectele educaţiei lor.

4. **Promovarea unei mai mari flexibilităţi a minţii şi a unei înţelegeri mai bune a realităţii prin programe educaţionale moderne.** Într-o lume care evoluează rapid, trebuie să regândim tipurile de competenţe pe care le predăm copiilor noştri. Structurile rigide ale trecutului sunt adesea prost echipate pentru a pregăti elevii pentru provocările cu care se vor confrunta pe parcursul vieţii. Prin urmare, ne propunem să dezvoltăm o varietate de programe educaţionale care îi pot ajuta pe copii să devină mai flexibili şi mai adaptabili în faţa circumstanţelor vieţii. O parte importantă a acestor programe este dezvoltarea unei mai mari conştientizări a rolului pe care mintea noastră îl joacă în experienţele vieţii noastre de zi cu zi. De asemenea, ne propunem să reformăm sistemul de învăţământ monahal, astfel încât să aibă o contribuţie mai relevantă în această lume modernă.

CUM VĂ PUTEȚI OFERI SPRIJINUL?

Nici unul dintre aceste obiective nu va fi realizabil fără sprijinul și participarea dumneavoastră. O viziune de o asemenea anvergură necesită mult merit și generozitate din partea multor binefăcători, de-a lungul mai multor ani. Dacă doriți să vă oferiți sprijinul, vă rugăm să nu ezitați să ne contactați.

Dzokden
3436 Divisadero Street
San Francisco, California 94123
United States of America
www.dzokden.org